אם אתם קוראים את המילים האלה

שלמה קווס · רחלי פלנט־רוזן

אם אתם קוראים את המילים האלה

המכתבים האחרונים של נופלי חרבות ברזל

טובי

Shlomo Kavas & Racheli Palant-Rozen
If You Are Reading These Words:
The Last Letters of the Fallen from Operation Swords of Iron

שלמה קווס ורחלי פלנט
אם אתם קוראים את המילים האלה:
המכתבים האחרונים של נופלי חרבות ברזל

עורך אחראי: ראובן ציגלר
עורכת ראשית: אוריה מבורך
עורכת משנה: אפרת גרוס
עריכה לשונית: שרה המר
הגהה: אביחי גמדני
עיצוב עימוד ואיורי הנופלים: שמואל לעסרי
עימוד: תמי מגר, רינה בן גל
עיצוב כריכה: יוני שלמון, אליהו משגב
יעוץ גרפי: אליהו משגב
איורים בעמוד הסוגר: יוני שלמון

ספרי טובי, הוצאת קורן
ת״ד 4044 ירושלים 91040
טל׳: 02-6330530 פקס: 02-6330534
office@korenpub.com
www.korenpub.co.il

מסת״ב ISBN 978-965-526-394-7

Printed in Israel 2025 נדפס בישראל

תוכן העניינים

אנו מודים לכל היוצרים שהביעו את הסכמתם לשימוש ביצירתם.
המערכת עשתה ככל יכולתה על מנת לאתר את בעלי הזכויות של כל החומר שנלקח ממקורות חיצוניים. אנו מתנצלים על כל השמטה או טעות, ואם יובאו לידיעתנו, נפעל לתקן במהדורות הבאות.

מילים של התחלה

הקדמת העורכים

אני רושם כי אני מבין שהקרב הקטלני שעברנו הוא לא האחרון.

*

אני כותבת את זה בין האזעקות.

*

אני מקווה ובטוח שנקרא את המכתב הזה אחר כך בחצר עם איזה בירה טובה וסיגריה ונצחק.

*

מתח באוויר, וגם בדיחות שחורות על מי יחזור ומי לא.

*

למקרה ויקרה לי משהו, יש לי משהו להגיד.

*

מי אמור ללמד ילדים בני 23 איך כותבים מכתב כזה?

*

אני לא מתחבר למילים הגבוהות שמפרסמים על כל חייל שמת, כותב כאילו הוא מינימום אלתרמן.

*

אם כבר מסר מעולמות אחרים, שיהיה אותנטי.

*

אם אמות ביד אויב אבקש שהעולם ישמע.

*

למקרה שאני מת, כדאי שאשאיר הוראות הפעלה.

*

חשוב לי שתדעו שאין מאושרת ממני.

*

נפלתי בכבוד למען עמי.

*

אשמח שתקימו משהו לזכרי, משהו שקשור לחינוך.

*

תקנו בכסף שלי ערכת קריוקי לחבר'ה מדימונה.

*

אני קצת מפחד אבל אני שלם.

*

אני חושש שאני מטרת איכות של החמאס.

*

עליתי עד פה בזחילה, נפצעתי.

*

אבא, כשהכול יסתיים וחברים שלי יספרו לך מה עשיתי כאן,
אתה תהיה גאה בי מאוד.

*

הכל מובן פתאום. הדור שלנו, התור שלנו.

*

טוב, עכשיו שסיימנו עם החלק הקיטשי הגענו ללוויה, אמא, אני מבקש,
בלי נאומים סוחטי דמעות ומרגשים.

*

ראיתם? ללוויה שלי הגיעו מאות אנשים שאני לא מכיר.

*

סבא, אני יודע שתמיד היית מאוד גאה בי שנהייתי לוחם, אז תהיה גאה
גם עכשיו, כי לא נפלתי לחינם.

*

מדי פעם תחייכו לעננים, אני אהיה שם.

*

אם הייתי צריך לפסל מחדש את חיי, לא הייתי משנה דבר.

*

מקווה שתזכרו אותי.

.1

אנחנו זוכרים את הרגע שבו עמדנו לראשונה מול המילים האלה, בעיצומה של מלחמת חרבות ברזל. כבר שמענו הרבה מילים במלחמה הזו - עדויות, סיפורים, ראיונות, אבל בפעם הראשונה שנתקלנו במכתב אחרון של לוחם, קרה לנו משהו אחר. מה זה הדבר הזה. מה זה היופי הזה. מי כותב ככה. זה כל כך חשוף, נוקב, חד־פעמי, לא דומה לכלום. כאנשים כותבים שעובדים עם מילים, נאלמנו.

נאלמנו גם מול מה שנכתב שם, וגם מול עצם ההחלטה לכתוב - רק לדמיין את המעמד הלא נורמלי הזה, שבו חייל צעיר או מילואימניק בן גילנו בוחר באומץ בלתי נתפס להישיר מבט אל האפשרות שלא יחזור מהקרב, ולכתוב צוואה.

עוד לא ידענו להסביר לעצמנו למה, אבל הרגשנו שאסור לתת למילים האלה להתנדף, להיעלם בשטף האירועים והחדשות. הרגשנו שהן ראויות לכבוד מסוג אחר, לחיי נצח.

וחשבנו גם, בטוח יש עוד כל כך הרבה כאלה.

המילים האלה הן אוצר. אז בואו נאצור אותן.

ניצור ספר שמאגד את המכתבים האחרונים של נופלי המלחמה הזאת - אלה שכבר פורסמו ובעיקר אלה שעדיין לא.

אבל רגע - שאלנו את עצמנו - למה בעצם? למה אנחנו, למה עכשיו? למה לנו להיכנס כל כך עמוק לתוך הכאב הזה. להתקרב ככה לשכול. לצלול לטקסטים שמה שמאחד ביניהם זה העובדה שמי שכתב אותם איננו. ולהסתכל ככה בעיניים של המוות, במקום להדחיק אותו, כפי שכל כך טבעי לעשות.

ואז הבנו: זה בדיוק מה שהם עשו, הנופלים. הם לא הדחיקו. הם העזו להישיר מבט אל המוות בעצמו, אל האפשרות הממשית שלא ישובו, ולכתוב מכתב אחרון.

ואם היה להם את האומץ לכתוב, ראוי שיהיה לנו את האומץ לקרוא.

.2

המלחמה הזו עשתה משהו לכולנו כעם, ונגעה גם בנו אישית.

בשבעה באוקטובר דוד של שלמה, עמרם אלון טולדנו הי״ד, נרצח בשדרות

בידי מחבלי חמאס כשהיה בדרכו לבית הכנסת. כשהתחלנו לחשוב על הספר, וגם לכל אורך העבודה עליו, את רחלי ליווה פחד יומיומי כשבעלה נתאי, אחיה וקרוביה לוחמים בעזה ובלבנון. בכל יום בעבודתה העיתונאית היא ליוותה משפחות שכולות. האישי והלאומי התערבבו לנו. כל המחיצות קרסו.

ביום אחד נפרץ המסך שבין החיים והמוות. זה ניבט אלינו מכל סטיקר ברחוב, מכל מעגל חברתי, מכל הותר לפרסום. ומאז אנחנו לא יכולים להדחיק יותר. ואנחנו גם לא רוצים.

.3

לא ידענו איך יוצרים ספר כזה, אבל החלטנו להתחיל ולגלות תוך כדי תנועה.

הבנו שהמכתבים שפורסמו בתקשורת הם מיעוט קטן, ושבטוח יש עוד, ושאנחנו לא רוצים לתת לאף אוצר כזה להיעלם ולאותיות לפרוח באוויר.

יכולנו להפיץ קול קורא ולקוות שהוא יעשה את שלו, אבל הרגשנו שפנייה אישית זו הדרך הנכונה והעדינה ביותר להזמין את המשפחות לשתף בדבר יקר כל כך. אז התחלנו בעבודת נמלים: טבלת אקסל ארוכה עם שמותיהם של כל נופלי המלחמה.

כדי להשיג את מספרי הטלפון של בני משפחתם עברנו דרך כל מכר, עמותה או פרויקט הנצחה שהעלינו על הדעת - ולאט לאט ליקטנו עוד ועוד מספרים. ובכל פעם ששמענו על עוד הותר לפרסום הוספנו בלב שבור עוד שם לטבלה הארוכה מדי.

התחלנו לפנות אחת אחת לכל משפחות החיילים והחיילות שנפלו מהשבעה באוקטובר 2023 ועד השבעה באוקטובר 2024. די מהר הגענו למסקנה המתבקשת שלא נצליח להגיע לכל מאות המשפחות האלה בעצמנו וחיפשנו תחקירניות שירכזו את הפניות.

חששנו שהתהליך יהפוך לטכני ורצינו לשמור עליו אנושי וקרוב ככל האפשר, אז חיפשנו נשות מקצוע שהן שילוב נדיר של רגישות, יסודיות ואהבה. ומצאנו את אביב בעבור ותהילה בן הרוש, שהיו כל זה ויותר מזה.

אביב ותהילה עבדו חודשים מסביב לשעון כדי לשוחח אישית עם כל משפחה, להסביר, לחבק ולהזמין להצטרף לספר הזה. הן התלבטו יחד איתנו בכל הצמתים המורכבים. למשל, איך פונים להורים של תצפיתנית שנפלה בשבעה באוקטובר והסיכוי שהספיקה להשאיר מכתב הוא אפסי, בלי להכאיב להם אבל גם בלי לפספס אותם?

אביב ותהילה, תודה על המסירות ועל הלב הגדול שלכן. זכינו בכן.

עשינו ככל יכולתנו כדי להגיע לכולם, ואם פספסנו מישהו - אנחנו מבקשים סליחה מעומק הלב.

.4

כבר בשיחות הראשונות עם המשפחות גילינו שרובם המכריע של הנופלים לא כתבו מכתב אחרון (בניגוד למיתוס, אין שום נוהל שמנחה חיילים לכתוב לפני יציאה לקרב, ומי שכותב - תמיד בוחר בזה בעצמו).

חלק מהמשפחות סיפרו על תחושת ההחמצה הצורבת על המילים שבנם לא הספיק לומר. אחרות שמחו שהוא נלחם בלי לחשוב על המוות.

היו הורים שאמרו שיש מכתב אבל התלבטו מאוד אם לשתף. "זה הדבר הכי יקר ואינטימי שנשאר לנו מהבן שלנו", הם אמרו, אבל למרות זאת בחרו באצילותם לחלוק את המכתב כי הרגישו שכמו שהמילים האלה ניחמו אותם, הן יוכלו להעניק נחמה לעוד רבים.

רוב המכתבים בספר לא ראו אור מעולם. פנינו גם למשפחות שהמכתבים של יקיריהן כבר פורסמו, וכמעט תמיד גילינו שגם בהם יש חלקים שעדיין לא פורסמו.

לפעמים המשפחה שיתפה בתקשורת רק דף אחד מתוך מחברת שלמה שנכתבה בעזה, או פיסקה אחת מתוך תיקייה מסודרת במחשב שנשמרה תחת הכותרת "אם אמות", מתוך מחשבה שהחלקים האישיים פחות מעניינים. אנחנו חשבנו ההפך, שהם הכי מעניינים וחד פעמיים. וכנראה שההתלהבות שלנו הדביקה גם אותם.

"אני לא בטוח שהוא היה רוצה שנשתף את זה", אמר לנו אחד האבות, "אבל יודעים מה? אם יש לו בעיה, שיבוא ויגיד".

.5

קיבלנו מאות טקסטים מופלאים והיינו צריכים להתמקד. הגדרנו קריטריון חד ונצמדנו אליו:

אנחנו מחפשים רק מכתבים שנכתבו מתוך תודעה של "אם אתם קוראים את המילים האלה..." ולכן - אם האדם פרסם את המילים האלה בעודו בחייו, גם אם בדיעבד הן הפכו למילים אחרונות, הן לא מתאימות לספר הזה.

במקרי ספק בירנו עם המשפחות בעדינות אם הטקסט הוא מהסוג הזה, ונפרדנו בצער מטקסטים יפהפיים שלא התאימו לקונספט שהנחה אותנו.

נשארנו עם כמה עשרות מכתבים שונים מאוד זה מזה, שדבר אחד משותף להם: מילים שנכתבו בידיעה שייקראו רק כשהכותב כבר לא יהיה כאן.

כשהתבוננו במילים הללו הרגשנו שאנחנו מחזיקים בידינו פיסות היסטוריה. ושכך אנחנו חייבים להתייחס אליהן - להגיש את המילים בלי פילטרים. בלי לתקן אות או פסיק, גם כשיש שגיאות לשוניות או ניסוח מוזר, כי אלה לא המילים שלנו. נצמדנו בקנאות למקור, לחומר הגלם. לא צנזרנו אף מילה. אם יש מילים מחוקות בספר, זה או כי המשפחה בחרה להשאיר חלק מהמילים לעצמה או כי חלק מהמכתב נשרף ולא שרד.

בתום עבודת ליקוט ארוכה, ניצבנו סוף סוף מול ארבעים ותשעה מכתבים אחרונים.

ואז הבנו שזו רק ההתחלה.

.6

הבנו ששום מכתב לא עומד בחלל ריק. שלכל מכתב יש סיפור.

יש לוחמים שכתבו בהפוגה קצרה בשבעה באוקטובר בין הקרבות הקשים בעוטף. יש כאלה שכתבו רגע לפני שאוספים מהם את הטלפונים לקראת הכניסה הקרקעית לעזה, כשהרגישו שזו ההזדמנות האחרונה.

יש לוחמים שכתבו בפנקס בלב רפיח, אחרי שאיבדו חבר קרוב. יש מי שכתב לקראת מבצע לחילוץ חטופים, וסיפר שהוא מודע לסכנה ומוכן לשלם את המחיר. והיו גם רבים שלא כתבו מכתב במשך חודשים ארוכים והחליטו לכתוב אותו רק ימים ספורים או אפילו שעות בודדות לפני שנפלו בקרב, כאילו ידעו.

סיפור כתיבת המכתב הפך גם הוא לחלק בלתי נפרד מהספר הזה. חקרנו וכתבנו לצד כל מכתב את כל הרקע שהצלחנו לברר: מתי הוא בחר לכתוב? איפה הוא היה ומה עבר עליו באותם רגעים? למי הוא סיפר על המכתב? איך הוא הצפין אותו?

פעמים רבות גם המשפחה לא הכירה את הסיפור במלואו, אז דיברנו עם החברים, עם המפקד, עם הרס"פ שבידיו הופקד המכתב - עם כל מי שהיה יכול להשלים לנו עוד חתיכה בפאזל. היה בנו דחף פנימי לאסוף כל פיסת מידע קונקרטית, לתעד, ליצור קפסולת זמן של התקופה הזו למען הדורות הבאים.

.7

הפכנו במכתבים האלה, קראנו אותם שוב ושוב, והשאלות עלו.

איך ייתכן שיואב, כאשר הוא פצוע אנוש, כותב "עשרים הדקות הטובות בחיי"? אלון ביקש שיקימו לזכרו מבשלת בירה, מה קרה עם זה בסוף? על מה דיבר יהונתן כשכתב "התמונות שראיתי לא יוצאות לי מהראש ובשבילן אני יוצא לקרב הזה"? איך זה שאלחנן קלמנזון שנפל בשמונה באוקטובר הספיק להשאיר מכתב אחרון? ומה זה הציור של החתול הקטן הזה, שעדי צייר באמצע המכתב?

התעכבנו גם על מה שנראה קטן ושולי. עצרנו בכל מקום שהרגשנו בו הדהוד של בדיחה פרטית, זנב של סיפור, רמז לא ברור. נתנו לסקרנות להוביל אותנו והשלב הזה הפך למשימה מעט בלשית, מעט ספרותית. ניסינו להיכנס בסדקים שבין המילים ולהרגיש את האדם שמאחוריהן, שהניח בתוכן את הלב שלו.

כל כך רצינו לדבר איתם, עם הכותבים עצמם, לשבת איתם לקפה ולשאול הכול. אילו רק היינו יכולים.

בהיעדרו של המוען, פנינו לנמענים הישירים של המכתב - הורים, בנות זוג, חברים.

היה לנו חשוב להיפגש אישית עם כל משפחה, ישירות ובלי תיווך. להסתכל בעיניים ולקרוא יחד מילה במילה את המכתב האחרון של אהובם. זה היה אחד השלבים המרגשים ביותר ביצירת הספר - ההתבוננות המשותפת, החוויה של הורים רבים שראו את המכתב לראשונה בעין חדשה בשיחות איתנו, שקראו אותו כיצירה חדשה וגילו בו דברים שלא הבחינו בהם קודם. אחת האימהות עצרה אותנו באמצע השיחה ושאלה בדמעות, "רגע, כל מכתב אתם קוראים ככה בעיון, מפרשים אותו מילה במילה כמו כתבי קודש?"

ועניתו, "למה 'כמו'?".

מתוך הלימוד המשותף של המכתב נוצר בינינו חיבור עמוק. ארבעים ותשע משפחות נכנסו לנו ללב, ולא יצאו ממנו. תודה לכן על האמון ועל הזכות. השתדלנו להיות שליחים ראויים.

.8

תוך כדי הקריאה במכתבים הרגשנו שוב ושוב שזה כל כך אינטימי שזה כמעט לא בסדר. כמו להציץ ביומן. במקרים רבים זה היה להציץ ביומן

ממש: לקרוא מילים אחרונות שאדם כתב בינו לבין עצמו, בלי שהוא נתן לנו את רשותו. ולכן הפכנו את המשפחות למצפן שלנו וביקשנו מהן לאשר כל מילה שהוספנו בפרק על בנם.

נדרשנו להרבה איפוק. שעות ארוכות של שיחות עם המשפחות והחברים של הנופלים נדחסו לכמה הערות קצרות בשולי כל מכתב.

בחרנו לכתוב בסגנון מינימליסטי. למעט מאוד בתיאורים ובסופרלטיבים. ידברו העובדות בעד עצמן. נזהרנו גם לא להגזים ולא לייפות. האמת יפה כפי שהיא.

לא פעם כמעט התפתינו לספר עוד משהו על המוזיקה שלו, על החלומות שלה, לתאר את סיפור הקרב ההירואי. אבל הזכרנו לעצמנו שהספר הזה הוא לא סיפור חייהם ולא סיפור מותם של הגיבורים שלו, אלא הסיפור של מכתבם האחרון. ושלא חייבים לומר את הכול.

להשאיר / שלמה טנאי

לֹא לוֹמַר אֶת הַכֹּל

גַּם הָעֵץ אוֹמֵר רַק גֶּזַע וְעָלִים

וּמַשְׁאִיר שָׁרָשִׁים בָּאֲפֵלָה

לֹא לַעֲבֹר כָּל הַגְּבוּלוֹת

גַּם אֱלֹהִים מְסַפֵּר רַק שֶׁמֶשׁ,

יָרֵחַ וְכוֹכָבִים

וּמַשְׁאִיר יְקוּמִים

מֵעֵבֶר לְמַכְאוֹבֵי־הַדַּעַת.

לֹא לְפָרֵשׁ אֶת הָאָדָם עַד תֹּם.

.9

המכתבים האחרונים נכתבו בכל פורמט שאפשר להעלות על הדעת - בווטסאפ, בכתב יד, במחשב, בהקלטה, בסרטון. מתוך רצון לשמור על אחידות החלטנו שכל המכתבים יתומללו אות באות ויופיעו בפונט אחיד, בדפוס.

זאת הייתה בחירה קשה. בכתב יד יש אינטימיות חריפה, ולא רצינו לוותר עליה. רצינו להביא משהו מחומרי הגלם - מהדף המפויח, מהכתב הרועד, ולתת ביטוי למקור, לכתב היד עצמו. ואז עלה הרעיון לפנות לאות חיים.

"אות.חיים - מיזם הנצחה בכתב ידם" הוא פרויקט התנדבותי יפהפה שנולד במלחמה הזו, ובו מעצבים ומעצבות יוצרים בשיתוף עם המשפחות השכולות פונטים מכתב ידם של החללים, שמנציחים את שמם וייחודם. מעצבות ומעצבי אות חיים קיבלו לידיהם את כתב היד של גיבורי הספר, ובהשראתו עיצבו ברגישות ובאהבה את המילים האחרונות של המכתבים האחרונים בספר. אנחנו אסירי תודה.

.10

המפגש האינטנסיבי עם המילים האחרונות, הקירבה הזו לשכול ולמוות ולגעגוע השורף, הציפו אותנו בתחושות ובשאלות. הרגשנו שאנחנו ניצבים מול משהו שגדול מאיתנו, ולא רצינו להישאר איתו לבד.

שאלנו את עצמנו: מי אנחנו רוצים שילווה אותנו, וגם את הקוראים העתידיים, כשאנחנו קוראים את המילים האלה?

אספנו לצידנו אנשים ונשים מעוררי השראה מעולם התרבות הישראלי, אנשים של מילים ושל לב, שוחחנו איתם וביקשנו מהם לכתוב עבור הספר מילים משלהם על מילים אחרונות.

היוצרים והיוצרות הללו קראו את מכתבי הספר וכתבו בעקבותיהם. הם תרמו את המילים שלהם בהתנדבות מלאה וחלקו איתנו רגעים אינטימיים מאוד.

ציפינו לקבל טקסטים הגותיים וספרותיים חשובים, והם העניקו הרבה יותר מזה: את הלב שלהם, את האדם שהם, הכי חשוף שיש. כל אחד מהם כתב מנקודת מבטו, מעולמו ומניסיון חייו, ויחד הם יצרו פנתיאון ישראלי יפהפה על מילים אחרונות.

תודה לכם, נשיא המדינה יצחק הרצוג, אשכול נבו, צרויה שלו, אביתר בנאי, הרבנית ימימה מזרחי, רוביק רוזנטל, אבישג שאר ישוב, הרב תמיר גרנות, מיה טבת דיין, צבי בן מאיר, אבירן אלפסי, איריס חיים, אבי ישכרוף וצור ארליך.

תודה על הדיאלוג, על החשיבה המשותפת ועל ההסכמה לפתוח את הלב. תודה שנשאתם איתנו את המשא הזה.

.11

תודה לכותבים האמיתיים של הספר הזה, שלא יזכו לקרוא אותו. התאהבנו בכם למרות שלא נפגשנו מעולם. כמה קיוויתם שלא נקרא את המילים

האלה. תודה שבחרתם בכל זאת לכתוב, ולהשאיר עבור כולנו משהו מכם - משהו שגורם לנו להתעורר, לאהוב, לחיות יותר.

כשעבדנו עם המילים האחרונות שלכם, שאלנו את עצמנו שוב ושוב מה הייתם חושבים על כל הספר הזה. בטח כמה מכם היו צוחקים עלינו שאנחנו קיטשיים מדי. "תהיו אנשים של מעשים, לא של דיבורים", כתבתם. "עזבו אתכם מהמילים הגדולות". אבל מה נעשה, והמילים שלכם באמת גדולות בעינינו ויקרות לנו. לא נעזוב אותן.

אנחנו לא באמת יודעים איך להודות לאנשים שמסרו את חייהם עבורנו. אבל בתור התחלה, הנה אנחנו - מישירים אליכם מבט, וקוראים את המילים האלה.

.12

במהלך העבודה על הספר שאלו אותנו מדי פעם, רגע, מטעם מי אתם, בעצם. אתם שייכים לאיזשהו גוף? ארגון, אגף הנצחה?

וגם אנחנו שאלנו את עצמנו מדי פעם כשהיה קשה, מה אנחנו קשורים. אנחנו באמת לא שייכים לשום גוף, סתם שני אנשים, קופירייטר ועיתונאית, אף אחד לא מינה אותנו לזה או הטיל עלינו את המשימה הזאת.
ובכל פעם שהתלבטנו או נחלשנו, הדהדו בתוכנו המילים של רומי סוויסה בת השש משדרות, שבשבעה באוקטובר מחבלים רצחו את הוריה לנגד עיניה ברכב בו הסתתרה עם אחותה בת השלוש. כשהגיעו המחלצים אל הרכב, רומי שאלה אותם: "אתם של ישראל?"

ועלתה בנו התשובה: אנחנו של ישראל. זה הגוף שאנחנו שייכים אליו.

בכל ימי חיינו לא הושפלנו כעם כמו בשבעה באוקטובר. ובכל ימי חיינו לא היינו גאים יותר להיות בנים ובנות לעם ישראל. במלחמה הקשה הזו, כשרוח יפה של התגייסות והתנדבות שטפה את הארץ, כל אחד נתן את חלקו. אנחנו אנשים של מילים, אז ליקטנו לעם הזה זר של מילים. אנחנו מניחים אותן כאן לפניכם.

עכשיו הן שלכם.

שלמה קוס   רחלי פלנט־רוזן
כ"ח בשבט תשפ"ה
26 בפברואר 2025
509 ימים למלחמת חרבות ברזל

דבר נשיא המדינה יצחק הרצוג

ימי מלחמה קשה באו עלינו. ראשיתם באסון הנורא, המבעית, האכזרי והגדול ביותר שחווינו מיום שובנו לאדמתנו; וגם היום, למעלה משנה אחרי אותו יום מר ונמהר, ליבנו מוצף, מצולק ומזועזע. אנחנו עדיין רחוקים מלעכל, מלהבין, מלהביע במילים, את עול הכאב שאנחנו נושאים מאז שבעה באוקטובר - שמחת תורה.

לכל אורך התקופה הזאת נענו כולנו, ועודנו נעים, בתווך בין חרדה ותקווה, כאב ואמונה, בשילוב בלתי־אפשרי של מוות וחיים, של דאבה ואהבה, של געגוע ויגון עצום. ובאופן מעורר פליאה, כתפינו אמנם שחו מכובד העצב, אבל גווינו הלכו ונעשו יותר ויותר זקופים - מהזכות להיות חלק מעם כזה; עם שאלו הם בניו ובנותיו.

עוד ועוד סיפורי גבורה של לוחמינו ואזרחינו הגיבורים, עזי הרוח, אצילי הנפש, מגיעים לפתחנו. לוחמים ולוחמות שלא חיכו לפקודה, שחגרו אפוד ורצו אל האש; אזרחיות ואזרחים שבתחושת "הנני" מפעימה, חירפו נפשם ולא עמדו מנגד; עוד באותו יום ארור, כשהאויב פרץ את דלתות הבתים, שרף וטבח באכזריות מפלצתית, ללא רחם, אימהות על בנים, אבות, קשישים, נערים ונערות, צעירים וצעירות שוחרי אהבה. הם קמו כי ליבם ציווה עליהם, ועמדו על משמרתם, בעוז ובעוצמה שאין למעלה מהם. לוחמות ולוחמים שהוסיפו להילחם, חודשים ארוכים־ארוכים, חלקם אבות לילדים, חלקם מאורסים טריים, חלקם התגייסו זה עתה. יצאו לשדה הקרב המדמם, האכזרי, של עזה, של יהודה ושומרון ושל לבנון, להשיב את כוחנו, את ביטחוננו, ואת אחינו ואחיותינו השבויים ומעונים בידי ארגון הטרור החמאס. המלחמה הזאת, עם כל נוראותיה, חשפה בפנינו במלוא התפארת וההוד את פניהם הזורחות של לוחמינו. שבעד עמם, בעד ניצחון האור והטוב, מסרו את נפשם בתחושת שליחות, באהבת עם ומולדת, בעיניים פקוחות ובלב ער ויודע.

הבחירה לכנס את מילותיהם ואת מכתביהם האחרונים, שכתבו טרם צאתם לקרב ממנו לא שבו, היא בחירה יקרה, עוצמתית וראויה ביותר. מכתבים אלה, צלילותם, יָפְיָם, המבט הבהיר והשלם שניבט מבעדם, על הרעד שבהם, על הטלטלה שלעיתים ניכרת בהם - ואולי בגללם - הם מכתבים שמוכרחים להפוך נכס צאן ברזל לעמנו. הם ככתבי קודש ממש - אותיות פורחות שגויליהן עלו באש - בהיותם נושאי בשורה, אמונה וצו מחייב: להוסיף ולחיות כאן, להרבות טוב, להעמיק את אחיזתנו - יחד, כתף אל כתף - בביתנו היחיד, הבית שעל קיומו נפלו רבים כל כך, מופלאים כל כך. להוסיף ולהיות מחויבים לנצח ישראל ולאחדות ישראל, בבית שמוכרח להיות מתוקן, שלם, חזק וראוי לקורבן העצום שהקריבו למענו בנינו ובנותינו, היפים והגיבורים, האהובים והנעימים.

"וְדַע לְךָ שֶׁהַזְּמַן וְהָאוֹיְבִים, הָרוּחַ וְהַמַּיִם, לֹא יִמְחֲקוּ אוֹתְךָ.
אַתָּה תִּמָּשֵׁךְ, עָשׂוּי מֵאוֹתִיּוֹת".
(חיים גורי)

שנזכה להיות ראויים להם ולאותיותיהם,

בברכה ובהערכה עמוקה,

יצחק הרצוג
נשיא המדינה

עדן פרוביזור

סרן עדן פרוביזור ז״ל, מאלפי מנשה, קצין שריון בגדוד 52, חטיבה 401. נפל בקרב ברצועת עזה בה׳ בכסלו תשפ״ד, 18.11.2023. הותיר אחריו הורים ושלושה אחים. בן עשרים ואחת בנופלו.

עדן נבחר להיות מפקד הטנק הראשון שמוביל את החטיבה, מיומו הראשון של התמרון בעזה ועד שנפל.
ב־15.11.23 התקשר למשפחתו מתוך עזה מטלפון של אחד הנגדים שהכניס אספקה לשטח.
אחרי שיחות ארוכות עם אימו ואחיו, ביקש מאביו שיישאר לבד על הקו.

עדן לא היה פנוי לכתיבה תוך כדי הלחימה האינטנסיבית, ואמר לגיא אביו: אבא, אני מכתיב לך עכשיו את הצוואה שלי.

אביו כתב את המילים ונצר אותן.
יומיים אחר כך עדן נפל בקרב, ואביו חלק עם המשפחה לראשונה את מילותיו האחרונות.

כשהכול יסתיים
אתה תהיה גאה בי מאוד

עדן פרוביזור

אבא, אני מבקש לדבר איתך ברצינות ומבקש שתקשיב לי בלי לכעוס עליי.

אבא אנחנו כאן בתופת והמצב על הפנים. אני לא יכול להגיד לך מה יהיה, אבל יש סיכוי שאני לא חוזר הביתה אלא נשאר כאן. אני מבקש שתקשיב לי: אני רוצה שתמשיכו לחיות כאילו אני איתכם.

אל תיפלו ואל תחיו בעצב. מבקש שתמשיכו להנות מהחיים, לצאת למסעדות ולטוס לחו"ל וכל הדברים שאהבנו לעשות. אבא, אני רציני, אסור שתעשו משהו אחר. אני רוצה שתדע שאני גאה במה שאני עושה וגם אם יקרה לי משהו אז יקרה, והכול בסדר, אני במשימה של החיים שלי, שומר על ארץ ישראל.

ומבקש שתקשיב לי בלי לכעוס עליי: כשעדן יצא לקרב, גיא אביו מסר לו מכתב ובו שתי בקשות: להחזיר את כל חייליו בשלום, ולא לעשות דברים שיזכו אותו בצל"ש. חייליו של עדן סיפרו שלפני הכניסה לעזה הוא הקריא להם המכתב מאביו ובכה. הוא ידע שלא יקיים את בקשותיו של אביו.

אנחנו כאן בתופת: ככל שהגדוד של עדן התקדם בתמרון, כמות טילי הנ"ט שנורתה עליו הלכה והתגברה. עדן, שהיה מפקד הטנק המוביל, ידע שהוא מטרה חשופה ופגיעה במיוחד. יומיים לאחר השיחה עם אביו, במהלך הסתערות על ג'באליה, ספג הטנק של עדן פגיעה ישירה מנ"ט, ועדן נהרג.

יש סיכוי שאני לא חוזר הביתה: למחרת השיחה הזו אביו של עדן התקשר אליו וביקש ממנו שיחזור בו מהמילים האלה, ממילות הפרידה שלו, או שיחזור הביתה. "ביקשתי ממנו שימצא מחליף. זו הייתה הפעם הראשונה אי פעם שעדן צעק עליי", מספר אביו. "הוא אמר: אין דבר כזה. אתה חינכת אותי לזה – למנהיגות, לאחריות. זה התפקיד שהטילו עליי. אם מישהו יחליף אותי וייפגע במקומי, לא אוכל לחיות עם זה יום אחד".

כשהכול יסתיים וחברים שלי יספרו לך מה אני עשיתי כאן, אתה תהיה גאה בי מאוד. נתת לי הכול בחיים ואני מבקש שבאמת תקשיב לי.

היו לי חיים טובים, חיים מלאים, ומלא אושר וטוב. מקווה שאלוהים יהיה איתי, אבל גם אם לא - תדעו שאהבתי אתכם והיו לי חיים מעולים.

אבא אתה חייב להבטיח לי את זה
כי רק ככה אני יכול להמשיך.

כשהכול יסתיים וחברים שלי יספרו לך מה אני עשיתי כאן, אתה תהיה גאה בי מאוד: אחרי מותו, חבריו של עדן סיפרו למשפחתו מסיפורי גבורתו. באחד המקרים, בכניסה למחנה שאטי, נקלע הגדוד של עדן למארב של עשרות טילי נ"ט. אחרי שעות של לחימה קשה, כשסוף-סוף הגיעה רגיעה, המג"ד עדכן את הכוח על מפקד בכיר של חמאס שנמצא באזור ועומד לברוח.

הקשר דמם. אחרי הלחימה האינטנסיבית אף אחד לא מיהר להיכנס שוב לקו האש.

אחרי כמה שניות של שקט מתוח, נשמע בקשר קולו של עדן: "קודקוד כאן שלוש, יוצא להתקפה".

באירוע אחר, הטנק של עדן וחבריו היה תקול והם התרחקו מטווח האש. בזמן שהיו בהפוגה, קילומטרים מאזור הלחימה, עדן הבחין שאחד הקצינים לא מגיב לקריאות בקשר וחשש לשלומו. הוא הזניק את הצוות לטנק התקול שהגיע בדרך נס, ונסע על דעת עצמו בחזרה ללב הלחימה. "חבר תקוע, וכולנו צריכים להציל אותו", אמר לחייליו. כשהגיעו אל הקצין גילו שהוא פצוע ללא הכרה, והצליחו להציל את חייו.

יואב מלייב

סגן יואב מלייב ז״ל, מקרית אונו, סגן קצין קשר גדודי בגדוד 77 בשריון, חטיבה 7. נפל בקרב על מוצב יפתח בכ״ב בתשרי תשפ״ד, 7.10.23. הותיר אחריו הורים, שלושה אחים ובת זוג. בן תשע־עשרה בנופלו.

מאז הטירונות ועד הרגע האחרון בחייו, יואב כתב בפנקס כיס קטן. בכריכתו האחורית היה דף שיואב תלש מהפנקס וכתב בראשו: ״להסתכל כשקשה״.
תחת הכותרת נכתב: ״ראש מורם.
להוות דוגמה. להיות הכי טוב.
לחתור למגע. להתאפס וסוויץ׳ במוח.
לטרוף ברבאק״.

בשבעה באוקטובר הוביל יואב קרב קשה מול מחבלי חמאס שניסו לפשוט על מוצב יפתח הסמוך לזיקים.
לאחר כשעה של לחימה עיקשת הוא נפצע אנושות. בדקות הקצרות שבין הפציעה לבין מותו בחר יואב לשלוף בכוחותיו האחרונים את פנקס הכיס שלו, אף על פי שהיה עליו גם טלפון נייד. הוא כתב בפנקס את מילותיו האחרונות בכתב יד חלש ומטושטש.

עשרים הדקות הטובות בחיי

יואב מלייב

20 דק' הטובות בחיי.
עלינו עד פה בזחילה, נפצעתי ויש מטח עכשיו.
חושב עליך ואחשוב כל המסע.
אני אוהב אותך

20 דקות הטובות בחיי: "כדי להבין את המשפט הקצר והמפליא של יואב", מסבירים הוריו מאיה ואלכס, "צריך לצלול אל מה שמקופל באותן דקות, שהיו תמצית מזוקקת של כל מה שיואב הזכיר לעצמו תמיד בפתק 'להסתכל כשקשה'".

בשל בעיה רפואית שהייתה לו, יואב יכול היה לקבל פטור משירות קרבי. הוא בחר להיאבק והצליח להגיע לתפקיד קצין תקשוב במסלול קרבי.

בימים שלפני השבעה באוקטובר החליט מיוזמתו, מתוך תחושת אחריות לכשירות הגדוד, להשקיע לילות שלמים כדי לתקן יחד עם חיילת נוספת את כל תקלות התקשוב של הטנקים שבגזרה, שהייתה אז שקטה מאוד.

בשישה באוקטובר כתב לאביו בווטסאפ, בתשובה לשאלה 'מה שלומך?', "שלומי כשלום הטנקים שלי. לא משהו".

בבוקר השבעה באוקטובר, כשהחלה מתקפת הטילים, יואב הספיק לתמוך באותה חיילת, שלקתה בחרדה. הוא חיבק אותה ואמר לה: "אני רוצה שתמיד תזכרי שבזכותך יש עכשיו עוד ארבעה טנקים כשירים על הגדר".

יואב היה הקצין התורן ולמרות שהיה נטול ניסיון קרבי, לקח אחריות על הלחימה במוצב.

הוא הנחה את החיילים החמושים במיגונית לשמור על אלו שבפנים ולא לבוא בעקבותיו, וזינק יחד עם חמישה לוחמים נוספים להדוף את המחבלים הרבים שארבו מחוץ לשער הבסיס.

בקרב הראשון והאחרון בחייו יואב חיזק ועודד את הלוחמים הוותיקים שלצידו ויחד הם הצליחו, מעטים מול רבים, למנוע את כיבוש המוצב.

אני אוהב אותך: יואב, שכל חייו הקפיד לדייק במילים, לא ציין נמען ספציפי בשום חלק במכתב. "הוא בחר בדיוק מה לכתוב ולא השמיט מילה", אומרים הוריו. "הוא כתב לכל מי שאוהב אותו, ואהבו אותו הרבה אנשים". יותר מהידיעה למי מכוונות המילים, הם מספרים, מנחמת אותם הידיעה שמילותיו האחרונות היו אהבה.

אלון סקאג׳יו

סרן אלון סקאג׳יו ז״ל, מחדרה, התגייס לדובדבן בחטיבת הקומנדו ולאחר קורס קצינים שובץ כמפקד צוות הצלפים בסיירת חרוב, חטיבת כפיר. נפל בקרב במהלך מבצע במחנה הפליטים ג׳נין בכ״א בסיוון תשפ״ד, 27.6.2024. הותיר אחריו הורים, אחות, אח ובת זוג. בן עשרים ושתיים בנופלו.

אלון כתב את המכתב ב־22.11.23, לפני הכניסה שלו לעזה, בפתק נעול באפליקציית הפתקים בטלפון תחת הכותרת ״למקרה ש״.

הוא סיפר לחברו עידו על המכתב, ונתן לו את סיסמת הגישה לפתק הנעול. גם עידו כתב מכתב פרידה, על דף. הם סיכמו שאחרי שיצאו מעזה ימחקו וישרפו יחד את המכתבים.

שניהם חזרו בשלום מעזה. עידו שרף את מכתבו, אבל אלון לא מחק את המכתב שלו.

לאחר שהשתתף במבצעים רבים בעזה אלון המשיך לפעילות מבצעית גם באיו״ש.
בקרב שבו לחם בג׳נין, תוך שהוא מפנה פצועים תחת אש, הופעל מטען על אלון וחייליו. אלון ספג בגופו את כל עוצמת המטען ונהרג. כל החיילים שהיו סביבו, כעשרים במספר, ניצלו.

במהלך השבעה קיבלה המשפחה את מכשיר הטלפון של אלון, שהתרסק מפיצוץ המטען. דרך המסך המרוסק הם הצליחו לקרוא את המכתב האחרון.

לא מתחבר למילים הגבוהות שמפרסמים על כל חייל שמת

אלון סקאג'יו

למקרה ש

אני רוצה שתקימו לזכרי מבשלת בירה שתקרא "דובדבן" עם כמה סוגי בירות שיתפתחו עם הזמן, להלן:

"בלי וואסח" בירה שמזכירה את גולדסטאר חצי כהה

"רגוע" בירה חיטה

"IPA" פשוט IPA

"90" בירה 9% חזקה וטעימה מאוד

"פנתרה" בירה שכולם אוהבים ומתאימה לכולם

"היא חלום" בירה מיוחדת כהה/בירה דובדבן

"מדויקת" בירה שמזכירה את ווינשטייפן בטעם והיא פשוט מדויקת (כמו צלף 😉)

20-35% מהכנסות החברה ייתרמו ליחידה שהיא חלום. יכולים לשחק עם השמות, אני מאשר.

שתקימו לזכרי מבשלת בירה שתקרא דובדבן: בכל יום שישי אלון וחבריו היו יושבים יחד עם בנות הזוג שלהם במבשלת בירה קבועה.

מאז שאלון נהרג, חבריו עסוקים בהגשמת המשימה השאפתנית שהטיל עליהם. שרון, בת הזוג שלו, שבאופן אישי לא אוהבת בירה, מנהלת את עמוד האינסטגרם "בירה דובדבן" המתעד את תהליך הקמת המבשלה לזכרו של אלון.

גם בחברת גולדסטאר התרגשו ממילותיו האחרונות של אלון והוציאו לזכרו מהדורת בירה מיוחדת שעליה מודפס שמו ומשפטים נבחרים מהמכתב.

פעם בשנה אירוע של המבשלה, בשר טוב (המבורגר/על האש), דוכנים, איזה עגלת קפה טובה, והרבה בירה. שהאירוע יוקדש ליחידה ויהיה על שמי לא משהו מפוצץ מדי, צנוע עם המון אנשים שמחים.

בהלוויה שלי אני רוצה שינגנו את השיר "דברים יפים לראות" של עידן עמדי, תקשיבו למילים, תמשיכו הלאה יש עוד דברים יפים לראות...

אני לא מתחבר למילים הגבוהות שמפרסמים על כל חייל שמת, כותב כאילו הוא מינימום אלתרמן.

אני מאמין במעשים ובדברים בפועל ואני מאמין שעשיתי כל מה שיכולתי בשביל לשמור על האנשים והמקום שאני הכי אוהב. תהיו אנשים של מעשים, לא של דיבורים.

אמא ואבא

אין לי הרבה מה לכתוב לכם, את מה שאני חושב עליכם אני מקווה שאתם יודעים.

אני אוהב אתכם מאוד ומודה לכם על כל מה שעשיתם עבורי כל החיים, חינכתם אותי מעולה, תודה שלא ויתרתם לי, הצקתם והייתם ברגעים הקשים.

אל תהיו עצובים, תמשיכו לחיות ולחייך בשביל המשפחה, תהיו אנשים טובים. אוהב אתכם מלא.

בהלוויה שלי אני רוצה שינגנו את השיר "דברים יפים לראות": בזמן הלוויה, איש לא ידע על הבקשה הזו. עומרי גליקמן, סולן התקווה 6, ביצע את 'בעולם שלה', השיר שאלון ושרון תכננו שיהיה שיר הכניסה שלהם לחופה.

רק במהלך השבעה קיבלה המשפחה את הטלפון של אלון ובו המכתב האחרון. ימים ספורים אחר כך הגיע עידן עמדי אל בית הוריו של אלון, וביצע עבור המשפחה והחברים את שירו 'דברים יפים לראות'. "שרתי הרבה שירים בלוויות", סיפר עידן, "אבל מעולם לא ביקשו ממני לשיר שיר כזה אופטימי".

עמית

אני מאחל לך שתצליחי בכל דבר שתעשי, שתמצאי בחור איכותי וטוב, תתחתני איתו ותקימי לך משפחה חמה ואוהבת. תקחי את החיים בקלילות ותחייכי, זה יעשה לך טוב.

אריאל

אני לא יודע כמה תזכור ממני, אבל תמשיך את דרכי, תהיה אדם טוב, תעזור תתנדב ותצליח. אתה ילד מדהים, תהיה ערכי ותאהב את המדינה שלנו, תגן עליה ותביא את עצמך לקצה.

אני בטוח שתגיע למקומות הרבה יותר גבוהים ממני.

אני מבקש בלי יותר מדי פרסום וראיונות ושטויות, אפשר לדבר או לספר אבל לא צריך יותר מדי, בלי ראיונות של הדוד שמספר כמה שהוא היה טוב ומדהים... לא אוהב את השטויות האלה.

שרון

אני אוהב אותך, תודה על כל רגע מאושר, כל חיבוק כל נשיקה כל עזרה כל רגע מנוחה שנתת לי, תודה שהיית שם בשבילי באש ובמים.

אני לא מסוגל לדמיין את עצמי בלעדייך, זה פשוט כל כך שונה, את חלק מהחיים שלי.

ראיתי אותנו מתחתנים ומביאים ילדים יפים לעולם והכל היה לי בראש, לצערי לא נזכה לזה, אבל את צריכה להמשיך.

אל תתני לזה להכניס אותך לדיכאון ולמחשבה שכל הקרובים לך הולכים, תחייכי! תמשיכי לחיות, תעשי דברים טובים לסביבה, תזכרי אותי ותתקדמי, תקימי משפחה ותאהבי אותם יותר משאהבת אותי.

את הדבר הכי טוב שקרה לי ואני מאחל לך שיהיה לך טוב, אני מסתכל עלייך ושומר עלייך תמיד.

מבקש ממך בלי דרמות ופרסומים מיותרים, לא צריך לעשות את הפוסט החברות הקבוע.
תמצאי את הדרך שלך לזכור/להזכיר.

למחשבה שכל הקרובים לך הולכים: אבא של שרון נהרג בתאונת עבודה כשהייתה בת ארבע. אחיה איבד את בת זוגו בנובה. אלון, שיודע כמה אהובים איבדה, מבקש במילותיו האחרונות לחזק אותה במקרה שתאבד גם אותו.

הפוסט החברות הקבוע: שרון ואלון היו מדברים על הכול, וצחקו לא מעט גם על המוות. אלון היה מראה לה פוסטים של בנות זוג של נופלים ומתגרה בה: "אם יקרה לי משהו, גם את תכתבי כזה?".

חברים

אם תקראו את המכתב הזה ולא תצליחו לגבש דעה ברורה על מה שאני חושב עליכם אז נכשלתי, אני אוהב כל אחד מכם, הרגיש לי מיותר לכתוב פסקה לכל אחד.

הפכתם לי את החיים לטובים יותר ומלאים יותר ואני מודה לכם על כך, אוהב כל אחד מכם ואסתכל עליכם מלמעלה בגאווה בידיעה שאתם ממשיכים את חייכם בזכותי ואין מאושר ממני.

תחייכו, תהיו אנשים טובים, תתרמו מעצמכם למדינה שלנו ותחיו ללא חרטות.

תזכרו תמיד: בלי סימני שאלה רק קריאה!

יש לכם משימות להמשך ממני, מקווה שכל אחד יודע מה הם ומי שלא אני אגיד לו בחלום או דרך סבתא.

דרך סבתא: סבתא של אלון היא קוראת בקפה ופותחת בקלפים. כשאלון וחבריו היו יוצאים הביתה, נהגו לקפוץ אליה כדי שתקרא להם בקפה ותייעץ להם.

אלון מאיים על חבריו שאם לא יגשימו את משימות החיים שהוא מצפה מכל אחד מהם, הוא יזכיר להם דרכה.

צוות 90

צוות 90 אתם בין הדברים הטובים שקרו לי בחיים, תודה על כל החוויות שנתתם לי ועל כל הרגעים המדהימים שחוויתי איתכם. אוהב כל אחד ואחד מכם, תמשיכו לחיות ולעשות טוב למדינה, תקחו חלק בעמותה וביחידה שלנו.

אין מילים שיכולות להסביר את כמות האהבה שלי לצוות, תזכרו אותי ותחיו את החיים שאני לא הספקתי.

נלחמתי בשביל איתי ובשביל אורוש ובן וגדליה וכל מי שהלך בדרך.

נלחמתי בשביל איתי ובשביל אורוש ובן וגדליה וכל מי שהלך בדרך:
לאחר מותו גילתה המשפחה בטלפון של אלון פתק נעול תחת הכותרת "למענם".

בפתק נכתב:

"איתי יהודה באוסי – 12/10 קבוצת יבנה

ליאב אלוש – 17/12 בית העלמין גדרה

בן ברונשטיין – 11/10 בית העלמין חולון

אור (אורוש) יוסף רן – 10/10 גבעות עולם

פדיה מרק – 1/11 הר המנוחות

יוסף גדליה – 11/10 הר הרצל

יובל יפה – 13/10 בית העלמין צופית

בן שלי – 14/12 קדרון"

ביציאות של אלון מהצבא, לפני שנסע לביתו, נהג לפקוד את בתי הקברות ולבקר את חבריו.

צוות צלפים

נכנסתם לי ללב, כל אחד ואחד מכם.

עשיתי כל מה שיכולתי בשביל להכין אתכם ליום הזה, לרגע הזה.

כעת זה הזמן לתוצאות, אם אתם קוראים את זה כנראה שתצטרכו להמשיך בלעדיי.

אני מקווה שהצלחתי ליצור את הצוות שלו חלמנו ושאפנו, ליצור הילת כבוד והערכה סביב הצלפים וסביב הצוות.

תמשיכו את משימתי ואל תוותרו לעולם, לא משנה כמה פעמים ינסו לעצור אתכם.

מי שלא חותר טובע, במיוחד בחרוב...

זכיתי להכיר אנשים מדהימים עם המון רצון ויכולת, נתתם לי את הזכות לפקד עליכם ולהוביל אתכם בקרב, האמנתם בי והלכתם אחריי.

תמשיכו ללמוד להשתפר, תחתרו למקצוע ותאהבו את מה שאתם עושים.

עלו לי המון דגשים ומחשבות לעצמי בעקבות הסיטואציה, אבל אני לא אספיק לממש אותם, מקווה שאתם העליתם לעצמכם דברים ותזכו ליישם אותם.

תמשיכו להיות חיות ותשמרו על עצמכם.

אוהב אתכם ומעריך.

אלחנן קלמנזון

רס"ן (במיל') אלחנן מאיר קלמנזון ז"ל, מעתניאל, איש המוסד וקצין בצה"ל במפקדת אוגדת יהודה ושומרון, חיל הגנת הגבולות. נפל בקרב על קיבוץ בארי בכ"ג בתשרי תשפ"ד, 8 באוקטובר 2023. הותיר אחריו אישה, חמישה ילדים, הורים וחמישה אחים. בן ארבעים ושתיים בנופלו.

אלחנן היה איש המוסד ולאורך שנים רבות חי תחת סיכון. זמן רב לפני המלחמה הוא החליט לשמור על המחשב האישי שלו מכתב צוואה שאותו כתב ועדכן לאורך השנים. הפעם האחרונה שבה ערך את המסמך הייתה לאחר יום הזיכרון 2023. אלחנן לא סיפר על המכתב לאיש.

בשבעה באוקטובר אלחנן זינק על דעת עצמו מביתו בעתניאל ובלי שקיבל פקודה נסע להילחם על הגנת העוטף. הוא הוביל צוות מאולתר שהורכב מאחיו ואחיינו וכונה "צוות אלחנן", והם לחמו בקיבוץ בארי וחילצו כמאה מתושבי הקיבוץ. כעבור שש-עשרה שעות לחימה רצופות, אלחנן נפל בקרב.

אחרי מותו מצאה אשתו שלומית במחשב של אלחנן קובץ שהיה שמור תחת הכותרת "אם אמות".

המכתב היה שם כל השנים, פתוח וגלוי, אך שלומית לא הבחינה בו עד אותו יום.

חלקים מהמכתב מובאים כאן.

אבקש שהעולם ישמע

אלחנן קלמנזון

אם אמות ביד אויב אבקש שהעולם ישמע.

שאיש לא ינקום ולא יקרא לנקום. מי שאקח איתי (מקווה) - אקח.

מי שזה בוער בעצמותיו - שיבער בחיים. [...]

במידה והשפיות לא תחזור לעמנו ויום אחד יחליטו לפנות גם את עתניאל מבקש שלא לפנות ולא להזיז את קברי.
לא ליצוק בטון ולא להחביא. להשאיר אותי במקומי ובמקום חיי.
אם אויבינו יחליטו להשמיד/ לבזות/ להרוס/ לחרוש שלפחות אהיה למראה לאופיים האמיתי.

[...] האמנתי בדרך. האמנתי בשוב עמנו לארצנו. האמנתי במעשה הקטן שמחולל הרבה. דגש קטן שיציל חיים.

אבקש שהעולם ישמע: העולם שמע. ביום העצמאות התשפ"ד זכה "צוות אלחנן" בפרס ישראל לגבורה אזרחית. במשרד החינוך הוטמע מערך לימוד העוסק בסיפורם. אלחנן קלמנזון הפך לאחד הסמלים המזוהים ביותר עם סיפורי הגבורה של השבעה באוקטובר.

את קברי: קברו של אלחנן הוא הקבר היחיד במדינת ישראל שעליו חרוטים גם סמל צבא ההגנה לישראל וגם סמל המוסד.

האמנתי במעשה הקטן שמחולל הרבה: בשבעה באוקטובר צוות אלחנן עבר מבית לבית בבארי כדי לחלץ אזרחים תחת אש כבדה. בין הקרבות, הם עודכנו על אישה מבוגרת וכבדת שמיעה שזקוקה לחילוץ.

[...] אם אמות כחלל במלחמה על הארץ - שיזכרו ויזכירו שאין מדובר בעוד מלחמה או עוד אינתיפאדה או שטות אחרת. מדובר באותה מלחמה ארוכה על ארצנו ועל זהות עמנו הנמשכת כבר כמעט 150 שנה.

רציתי וניסיתי להיות אדם, להיות יהודי

לפני שאלחנן נכנס לביתה, מנחם אחיו הבהיר לו שאין להם זמן להתעכב. "שום מכשירי שמיעה, שום תרופות. הכול אפשר לקנות. אתה נכנס, לוקח אותה ויוצא החוצה".

אלחנן התעכב בבית, ואחרי כמה דקות יצא ממנו יחד עם האישה, התרופות שלה ומכשיר השמיעה שלה. מנחם כעס, ואלחנן הבהיר לו: "אסור שהאנשים האלה ייצאו מביתם כפליטים. צריך לשים לב לא רק לזה שמוציאים אותם, אלא גם לאיך מוציאים. הם חייבים לצאת מהבית כמו בני אדם, בראש מורם".

רציתי וניסיתי להיות אדם, להיות יהודי: כשצוות אלחנן הגיע לחלץ אזרחים מאחד הבתים בבארי, בני המשפחה המפוחדים סירבו לפתוח את דלת הממ"ד. הם חששו שמדובר במחבלי חמאס שהתחזו לישראלים. אלחנן ואחיו הציגו את עצמם בשמותיהם ודיברו איתם בעברית מעבר לדלת הממ"ד, אך לא הצליחו לשכנע את המתבצרים להאמין להם. רק כשהאחים צעקו "שמע ישראל ה' אלוהינו ה' אחד", הדלת נפתחה.

אורי נחמיה אשכנזי

סמל אורי נחמיה אשכנזי ז״ל, מאשקלון, לוחם שריון בגדוד 46, חטיבה 401. נפל בקרב בדרום רצועת עזה בי״ח באב תשפ״ד, 22.8.2024. הותיר אחריו הורים, שני אחים ובת זוג. בן תשע־עשרה בנופלו.

אורי כתב את המכתב האחרון שלו ב־18.4.24, במהלך תקופת ההכשרה שלו כלוחם.

הוא שמר אותו בפתקים בטלפון תחת הכותרת ״למקרה ו...״.

לפני הכניסה הראשונה שלו לרפיח, אורי אמר לשָלֵו אחיו הגדול: ״אתה האדם היחיד שאני בוטח בו שיהיה מספיק חזק וישמור את הדבר האחרון ממני. יש לי מכתב אחרון בפתקים בטלפון, אתה היחיד שאני רוצה שידע שזה קיים״.

שלו השתיק אותו מייד, אבל לא שכח את השיחה הזו.

כששָלֵו קיבל את ההודעה על נפילתו של אורי, הדבר הראשון שביקש היה שישיגו את מכשיר הטלפון של אורי בהקדם.

קצין הנפגעים של המשפחה הבין את הצורך העז שלהם לקבל את המכתב האחרון של אורי ונסע בעצמו עוד באותו הלילה להביא את הטלפון משטחי הכינוס. המשפחה הספיקה להקריא את המכתב, שכלל גם הנחיות ללוויה עצמה, כבר בלוויה.

בדרך כלל, צה״ל נוהג למסור למשפחה השכולה את הטלפון של החלל יחד עם כל הציוד האישי שלו במהלך השבעה או אחריה.

המכתב של אורי הפך למקרה בוחן בענף הנפגעים וחידד את ההבנה שיש לעשות הכול כדי להעביר את הטלפון למשפחה השכולה בהקדם האפשרי, עוד לפני הגעת יתר הציוד האישי.

בישיבות פנימיות על המדיניות שחודדה בצה״ל בעניין מכתבי החיילים, הנוהל מכונה ״נוהל אורי״.

אני מבקש בלי נאומים סוחטי דמעות

אורי נחמיה אשכנזי

למקרה ו...

משפחה יקרה,

אם אתם קוראים את זה סביר להניח שהדברים לא קרו כפי שתוכנן ופישלתי ונכשלתי,

אני לא יודע איך לכתוב את המכתב הזה ולמה אני עושה את זה אבל למקרה ו רציתי שיהיה משהו שתוכלו לנצור ושאני אשאיר בשבילכם, חייתי חיים נפלאים ללא חרטות עם המשפחה והבת זוג הכי מדהימים שיש, בכל מקרה נגיע לעיקר, אני אוהב אותכם המון ומצטער אם גרמתי לכם לכאב ועשיתי את מה שעשיתי ואת השירות הזה מתוך אהבה מלאה למדינה המוזרה שלנו, ואם הצלתי וקידשתי חיי אדם בלכתי אני לא מתחרט על כלום והצלחתי ונכשלתי במשימתי בו זמנית

הצלחתי ונכשלתי במשימתי בו זמנית: בפנקס האישי שלו, כתב תחת הכותרת "ה'למה' שלי" – "להגן על אזרחיה של מדינת ישראל ולשמור על ביטחונם, לנצח את המלחמה הבאה, להילחם למען המדינה, **לחיות**" (ההדגשה במקור).

אמא ואבא - אני מודה לכם על הכל וכל מה שעשיתם בשבילי ולמעני לאורך חיי והערכתי את זה תמיד גם אם לא הראיתי זאת. לראות אותכם שמחים ומאושרים מסב לי סיפוק נצחי

שלו וטוהר - תמשיכו ותצליחו בחיים שלכם, אתם כל כך מיוחדים וחכמים אינדיבידואלית שאין לי שמץ של ספק שתגיעו רחוק ותעשו אותי גאה, ואל תשכחו שאני מסתכל עליכם מלמעלה, אהה?

המשפחה המורחבת - תודה לכם על שבתות וזיכרונות שלא אשכח בחיים, על צחוק וחיוך שלא יורד מהפנים בחיים, תודה מיוחדת לסבא וסבתא שגידלו אותי ועשו מעל ומעבר בשבילי ולמען כל הנכדים והמשפחה

שיר דובי שלי - הדבר הראשון שאני רוצה לומר לך הוא תודה על זה שביגרת אותי ולימדת אותי מה זה אהבה ראשונה ועל תקופה שאנצור לעד, על הרבה רגעים וזכרונות מיוחדים ויפים, אוהב אותך לנצח

עכשיו שסיימנו עם החלק הקיטשי הגענו ללוויה, אמא, אני מבקש בלי נאומים סוחטי דמעות ומרגשים, אל תהיי מביכה, אני אשמח שינוגן השיר "שלחי אותו" של רוני דלומי ואני אשמח אם תבוא לשיר אותו. אני חושב שהוא תואם את המצב

ואני אשמח אם תבוא לשיר אותו: רוני דלומי שהתה באותו זמן בחוץ לארץ ולא הספיקה להגיע להלוויה. היא הגיעה לאזכרת השלושים של אורי ושרה את השיר שביקש:

"שלחי אותו, תני לו ללכת לחופשי
אף כי יודעת את, שלא יחזור אלייך
שלחי אותו, תני לו ללכת למקומו
לשיבולים הכפופות ברוח".

אין הרבה בקשות, בעיקר שתשמרו את החדר שלי כמו שהוא ואל תהפכו אותו לחדר מוזיקה (אחמ אחמ אבא)

אוהב אותכם לנצח ואשמור עליכם מלמעלה. אורי

אה והחלק הכי חשוב כמעט ושכחתי, אשמח שתמשיכו אותי הלאה,

כן אמא הייתי רציני כשדיברתי איתך על זה

אחמ אחמ אבא: דוד, אביו של אורי, מנגן בגיטרה חשמלית. הוא תמיד חיפש מקום פנוי לאחסון המגברים וכלי הנגינה הרבים שהיו לו, מה שהפך לבדיחה משפחתית בכל פעם שהתפנה מקום בבית. כפי שאורי ביקש, החדר שלו נשאר בדיוק כפי שהיה.

אם נפחד לא נהיה ראויים להם

אביתר בנאי | זמר יוצר

לפני כמה שנים הייתה לי שיחה עם נער חולה סרטן בימיו האחרונים. שיחה מופלאה שנצרבה בי.

שאלתי אותו מה הוא רואה כשהוא עוצם עיניים. האם הוא יכול לראות בתוכו מרחבים?

הוא אמר שהוא רואה מפלים ענקיים, כמו מפלי הניאגרה בקנדה. יש בתוכי מראות נפלאים. מפלים ונופים. יש בי עולם. כך הוא אמר. אני מוכן להביט בפלא של הקץ. המוות והנצח, הגוף והנשמה, הכאב והיופי, הכול מעורבב לי ביחד. כך הוא אמר.

הבנו זה את זה והתרגשנו שמצאנו חבר. הוא היה האדם הראשון ואולי היחידי שפגשתי שהסכים לראות יופי בתוך האמת המרה והאכזרית של ההילקחות.

מכתבים אחרונים של נערים שצועדים באומץ בלתי נתפס אל תוך התופת.

הזעם שזה מעורר כלפי אלוהים, כלפי המדינה ומנהיגיה, הפחד מפני הריק והייאוש. בלתי אפשרי לקרוא ספר כזה.

כל כך עצוב, קורע את הלב. מרסק. מפחיד.

אבל העניין הוא, שהפחד והסירוב להביט מסוכנים יותר מהכאב הנורא שיש בהסכמה לקרוא.

הזעם והפחד מסוכנים בעיניי הרבה יותר מאשר לקרוא ולבכות ולבכות ולבכות. לפגוש את הריק והספק ולהתיר אותם בדמעות ובשיתוף.

בסרט 'אמריקן ביוטי' משנות התשעים יש דמות של נער פיוטי שמצלם את החיים. הכול. הוא רואה פלא ויופי בכל הדברים והמצלמה היא לו מכחול ועט לרשום את הפלא. הוא מצלם שקית נייר מתעופפת ברוח הסתיו, הוא מצלם את אבא שלו מכה אותו, הוא מצלם את הנערה מהבית ממול, והוא גם מצלם אישה חסרת בית מתה ממנת יתר ברחוב. הוא פתוח לכל מה שהחיים האלה יש בהם. האור והחושך, הכאב והזעם, התשוקה והאלימות. אין בו פחד. הוא מצלם ורושם הכול. הכאב הופך לשיר כשמסכימים, כשלא מקשיחים את הלב.

לא לסגור את הלב. זה יעשה את הכול הרבה יותר קר ומסוכן. האומץ והיופי של הנערים האלה. המחיר שהמשפחות שילמו. כל היופי האין־סופי הכרוך בכאב העצום, האכזרי והבלתי נתפס, רוצה בית בלב שלנו.

רוצה לשנות אותנו.

אם נפחד ולא ניתן להם מקום בלב שלנו, לא נוכל להיות ראויים להם. לא נוכל להשתנות. והם יישארו מחוץ לנו, מבודדים בכאבם, וכמו הכול היה לשווא.

בנו של קלונימוס קלמן, האדמו"ר מפיאסצנה, נרצח בשנות הזעם של מחנות הריכוז בפולין.

בהספד לבנו אמר הרב שהקורבן בבית המקדש היה מתקבל ברצון רק בתנאי שמביא הקורבן היה מתוודה ומבקש לשנות את דרכיו לטובה, ואילו בלי וידוי הקורבן היה לשווא. כדי שמותו של בני לא יהיה לשווא, אמר, אני מצהיר: רצוני להשתנות.

על האדמה המדממת הזאת תקום חברת מופת. אנחנו מחויבים לנופלים ולבני משפחתם שקורבנם לא יהיה לשווא. בשביל זה צריך לפתוח את הלב ולתת למכתבים האלה להמיס אותו, לשפוך דמעות כמים ולהסכים לחיות ולפעול בעולם בלב פתוח ובשאיפה לשינוי, לאחווה ולשלום.

יונתן דין חיים

סמ"ר יונתן דין חיים ז"ל, מרמת גן, לוחם בגדוד הנדסה קרבית 603, חטיבה 7. נפל בקרב בדרום רצועת עזה בכ"ה בכסלו תשפ"ד, 8.12.2023. הותיר אחריו הורים, ארבעה אחים וחברה. בן עשרים וחמש בנופלו.

יונתן נולד בניו יורק למשפחה נוצרית, התגייר, עלה לארץ והתגייס לצה"ל כחייל בודד.

שנתיים לפני שנהרג, יונתן למד באוניברסיטה קורס בניהול מצבי חירום ונחשף לעולם של מכתבים אחרונים. בעקבות הקורס השאיר כבר אז מעטפה מסודרת עם מכתבי פרידה לאהוביו, מוכנה לכל תרחיש עתידי, וכתב על המעטפה הסגורה: "למקרה שאני מת".

יונתן סיפר על המעטפה לנג'מה חברתו, אותה הכיר בפרויקט תגלית כשהגיע לישראל ארבע שנים לפני המלחמה. במכתב שהשאיר ליקיריו, שהיה כתוב כולו באנגלית, הקדיש יונתן לנג'מה פסקה מיוחדת בעברית.

במהלך המלחמה כתב יונתן יומן.
ב־20.11.23, לפני שנכנס לעזה, כתב ביומן מכתבי פרידה למשפחתו וחבריו, וביניהם מכתב פרידה לנג'מה. שלושה שבועות אחר כך יונתן נפל בקרב.
אחד מחבריו לפלוגה מצא את היומן ומסר אותו לנג'מה.
שני המכתבים לנג'מה מובאים כאן כלשונם.

תחפשי לי ביורה ומלקוש

יונתן דין חיים

6.6.2022

אין אף אחד כמוך נג׳מה. את יכולה למצוא אותי בכל מקום.

תחפשי לי ביורה ומלקוש. כשאת רואה לימונים ותפוזים, את יכולה לזכור את החלומות שלי.
אהבתי אותך יותר מעולם. הסיפור שלנו לא נגמר אלא הסיפור רק התחיל.

יום אחד את הולכת להצטרף אותי בכוכבים ונרקוד ביחד עד הזריחה.

תרגישי אותי באוויר של שבת בצד הנרות וברוח באמצע של הלילה.
את יכולה להסתכל אלי בעננים בסערות שעושים סיבובים ולדעת שאני מביא לך את המים לעולם יפה שלך.

אני תמיד איתך. אני אוהב אותך

כשאת רואה לימונים ותפוזים: בשיחות עם נג׳מה לאורך השנים, יונתן היה מספר לה על החלום שלו – לצאת לפרדס ולקטוף תפוזים ישר מהעץ. בכל פעם שהיו עוברים ליד הירקן, יונתן היה קונה קילו תפוזים וסוחט לשניהם מיץ טרי.

אחרי מותו נג׳מה החליטה לשתול עץ תפוזים ענק בהר הבנים, ליד ביתם ברמת גן, במקום שהיה פינת החמד הקבועה של יונתן ונג׳מה.
ליד העץ נתלה שלט:
״עץ התפוזים לזכרו של יונתן דין חיים
חייל בודד, תושב העיר, נפל במלחמת חרבות ברזל״

באוויר של שבת בצד הנרות: יונתן נולד בשם ג׳ונתן דין למשפחה נוצרית. במהלך לימודיו בקולג׳ בניו יורק הוא הכיר חברים יהודים, נחשף לסיפורי השואה והחל להתעניין בשפה העברית וביהדות. בשנת 2020 השלים את תהליך הגיור, שינה את שמו ליונתן חיים ועלה לישראל לבדו.

20.11.2023

נג'מה,

אני אוהב אותך. מי ידע שנהיה חברים כל כך קרובים?
אני לא מאמין שפגשנו והתחברנו בנשר מכל המקומות
חחחחח אבל כן, אני פגשתי את הבן אדם הרבה יותר
חשוב בעולם... בנשר. את.
אני קצת פחדתי להיכנס לדירה איתך, אבל גם היה לי
שלום כי אני סומך בך.
ידעתי מי את, והפחד מלעבור מדינות ולהתחיל את
החיים שלי במקום הזה נעלם.

היה לי כח כי אני הייתי איתך.
אני לא צחקתי, רקדתי, או חייכתי ככה בחיי עד שאני
פגשתי אותך.
את נותנת אושר לחיים. את האור בחושך.
אני לא יודע איך הגעתי אלייך לעולם פה בארץ ישראל,
אבל אני מאמין עם כל הלב שהבורא עולם סידר את הדרך
שלי אלייך.
מה שיש לנו זה מיוחד.

יונתן התנדב במד"א ובהמשך התנדב לצה"ל ושירת בחיל ההנדסה הקרבית.

לאחר שנפל בקרב נערכו לו שלושה טקסי לוויה: לוויה צבאית בישראל, לוויה יהודית בבית קברות בניו יורק, ולוויה נוצרית בכנסייה המקומית בעיר הולדתו.

לעבור מדינות: בבוקר השבעה באוקטובר, בזמן שיונתן הוקפץ ללחימה, משפחתו שחיה בארה"ב עדיין לא נחשפה למתרחש בארץ. כשיונתן ראה את הזוועות בעוטף הוא התקשר מייד לאחיו וביקש ממנו לוודא שאמם לא צופה בחדשות.

אחרי מותו ספד לו אחיו אר ג'יי: "הוא הגן על המדינה שלו ועל העם שלו, הוא ייזכר בהיסטוריה כמישהו שמת למען מה שהוא האמין בו. יונתן תמיד אמר 'אני לא אנוח עד שהדבר הזה יסתיים. זוהי המשימה שלי, זו הדרך שלי, וזה מה שנקראתי לעשות'".

אני מודה כל יום שאת בחיי, אני אוהב לראות אותך בבגד חדש שאת יצרת, עם צבע צעיר חדש, או את החיוך שלך. כל פעם זה כמו הפעם הראשונה, ואני עוצר, והלב שלי עף עלייך.
את כל כך יפה, אינטליגנטית ומיוחדת. אני מקווה שיהיה לך חיים מלאים עם הרבה אושר ואהבה.
מגיע לך כל מה שטוב ויפה בעולם.
אני איתך אפילו מהבית החדש שלי.
אני מחכה לך.

אני מעריץ אותך.

ירון צ׳יטיז

סרן ירון אליעזר צ׳יטיז ז״ל, מרעננה, סגן מפקד פלוגה בגדוד שקד, חטיבת גבעתי. נפל בקרב בצפון רצועת עזה בט״ו בטבת תשפ״ד, 26.12.2023. הותיר אחריו הורים, ארבעה אחים ובת זוג. בן עשרים ושלוש בנופלו.

ירון כתב את מכתבו האחרון מתוך עזה ב־5.11.23, אחרי שבוע של לחימה אינטנסיבית. כשסיים לכתוב, שלח הודעה לחברו הטוב איתן: ״זה לא יהיה רלוונטי, אבל אם חס וחלילה קרה, השארתי הודעה בקבוצת הווטסאפ שלי עם עצמי. רק אתה יודע״.

בהספד שנשא בלוויה סיפר איתן על קיומו של המכתב. אחרי השבעה, משפחתו של ירון קיבלה את הטלפון שלו וקראה את המכתב לראשונה.

איזו מדינה מיוחדת והזויה

ירון צ'יטיז

משפחה יקרה ואהובה שלי, מי אמור ללמד ילדים בני 23 איך כותבים מכתב כזה?

איזה מדינה מיוחדת והזויה... אני מרגיש זכות לקחת חלק בהגנה על המדינה, גם אם אני מתבכיין כל היום שכואב לי התחת מלשבת בנמר 40 שעות רצוף.

אני מרגיש חלק מההיסטוריה שנכתבת עכשיו של מדינת ישראל.

אמא, אבא, דורון, דנדן, דובי, יעלי.

תודה.

תודה שחינכתם אותי על קידוש השם, על חסד ועל אהבת הארץ.

הכל זה בזכותכם ושלכם!

אם לא המשפחה המשוגעת שאתם, שחינכתם אותי ולא ויתרתם לי וגידלתם אותי על ערכים ועל אהבת הארץ,
לא הייתי במקום שאני נמצא עכשיו! (מגן על המדינה,
לא בקבר חחחח)
אני מרגיש גאה להיכנס ולהילחם בחמאס תחת ה־banner
של משפחת ציטיז ושל עם ישראל!!!

המשפחה המשוגעת שאתם: שנה לפני המלחמה, ירון ואחיו כבר סגרו טיסה, מלון וכרטיסים למשחקי היורו בגרמניה.

בהלוויה של ירון אמר אחיו דניאל על קברו: "תכננו לטוס ליורו. יש לך כרטיסים. ואני תוהה איך נעשה את זה". לאחר חצי שנה, אחיו של ירון נסעו למשחק והניפו ביציע שלט ענק עם תמונתו של ירון והמילים LEGENDS NEVER WALK ALONE.

בפוסט שפרסמו, כתבו: "עם כל העצב, והעצב לא מניח לרגע – הבטחות מקיימים".

חודה רבה על הכל, אתם משפחה לתפארת מדינת ישראל.

שרים ומספידים לזכרו - כל מי שמכיר אותי יודע שאתם בין הדברים הכי חשוב לי בחיים. אתם האוויר לנשימה שלי, הצחוקים, החברות האמיתית הזאת.

דרה - אני אוהב אותך, את החיים שלי. את נותנת לי את הכוח להמשיך.

אין לי ספק שהעתיד שלי צריך להיות איתך, מקווה מאוד שהמכתב הזה לא רלוונטי ונזכה לעוד שנים רבות ולהקים משפחה יפהפייה.

אוהב אותכם המון,

עם ישראל חי

נ.ב. לא לעשות לי בושות ולשלוח לחנוך דאום

שרים ומספידים לזכרו: כשאחד מבני החבורה של ירון טס לטיול הרפתקני למזרח, חבריו צחקו שאין מצב שהוא חוזר בחיים, ושינו את שם קבוצת הווטסאפ שלהם ל"שרים ומספידים לזכרו".

בקבוצה הזו הם דיברו על הכול והיא הייתה כר פורה גם לבדיחות שחורות על המוות. במהלך המלחמה, ירון כתב בקבוצה: "אני מקווה שלפחות שמתם כסף על הימורים. מישהו הימר שאני מת?".

לא לעשות לי בושות ולשלוח לחנוך דאום: המכתב התפרסם בעמוד הפייסבוק של חנוך דאום.

דובי אחיו של ירון שלח לחנוך את המכתב וכתב: "התלבטתי אם לשלוח לך את הצוואה של אח שלי בגלל מה שהוא כתב בסופה, אבל אם אני מכיר אותו טוב, הוא התכוון בדיוק ההיפך. ואם אני טועה, הוא לא פה לתקן אותי... אם שואלים מי שלח לך, תפיל את זה על אחותי".

איתן קופלוביץ'

סרן (במיל') איתן קופלוביץ' ז"ל, מהושעיה, קצין שריון בגדוד 129, חטיבה 8. נפל בקרב בצפון רצועת עזה בט' בסיוון תשפ"ד, 15.6.24. הותיר אחריו אישה, בן, הורים וחמישה אחים. בן עשרים ושמונה בנופלו.

איתן כתב את מכתבו האחרון בקובץ וורד במחשב, ב־31.5.24.
הוא היה אחרי סבב מילואים בגבול לבנון, ולקראת יציאה לסבב מילואים שני בעזה. הוא לא סיפר על המכתב לאיש.

שלושה שבועות אחרי שנפל בקרב, יעל אשתו מצאה את המכתב במקרה.
היא פתחה את המחשב של איתן ונתקלה במסמך וורד פתוח ולא שמור שנפתח במילים: "אם איכשהו לא אחזור".

אם כבר מסר מעולמות אחרים, שיהיה אותנטי

איתן קופלוביץ'

אם איכשהו לא אחזור

אני יודע, זה הפתח לכל הפאתוס והדרמה שאדם מת יכול
לשפוך לתוך העולם החי, אני לא מתכוון לנצל את זה.
ראשית אני מת, אז זה לא אמור לעניין אותי.

שנית, אם כבר מסר מעולמות אחרים, שיהיה מסר
אותנטי.

לא אהבתי את כולכם ואני לא חושב שאחרי מותי תתחילו
לאהוב פתאום אחד את השני.
אין לי עניין בהתנדבות, מצפה, טיילת על שמי.
אני מרגיש שהציבוריות שלנו עייפה כבר מזיכרונות.

בואו נחבק את הריטואל הדתי, נעלה נאמר כמה פסוקים
ונלך הביתה, וכמו סבא קופלו, ברגע שתרגישו שזה כבר
מכביד ומגייסים אחיינים כדי להשלים מניין, כנראה שזה
הזמן לעצור, ואני וודאי אסלח לכם.

יעלי שלי, תמיד תהיי החברה הכי טובה שלי. קסם

לא אהבתי את כולכם: "איתן הכיר את התבנית של 'מכתבי הנופלים' ובחר לכתוב אחרת", אומרת יעל אשתו. "גם לא התאים לו להשתתף בספר הזה. המכתב שהוא השאיר, בקובץ שאפילו לא טרח לעשות לו סייב, מרגיש כמו מחשבות שניסח לעצמו ולא לציבור הרחב. ובכל זאת בחרתי להקריא אותו בשלושים של איתן, וגם לפרסם אותו כאן, כי היה לי חשוב לבטא את הקול השונה הזה. לי לא היה 'מודל שכול', אז משהו במסר הייחודי והשונה של איתן ביטא עבורי הרבה רגשות והביא נחמה מסוימת. ואולי יש עוד מישהו שזקוק לשמוע את הקול הזה".

סבא קופלו: יעקב קופלוביץ', סבא של איתן, עבר אירוע מוחי עשור לפני המלחמה ואחריו תקשר עם סביבתו באופן מוגבל. הוא נפטר זמן קצר לפני שאיתן נהרג. איתן אהב את צוואתו של סבא קופלו, שהייתה בעיניו צנועה כמו דמותו.

שמסרב להתפוגג, תמימות לצד קשיחות, כוח לצד רגש, אהבה לצד אהבה נוספת. אין סתירות בדמות שלך. הכל מושלם מבחינתי.

אני זוכר כשהיינו ילדים בכיתה ב או ג ראית אותי קופץ על האבנים הצבעוניות בשלב ג ומדמיין את האבנים שאינן צבעוניות כאילו הן לבה שאסור ליפול לתוכה, את סיפרת לי שאת גם עושה ככה לפעמים.

רותי נפטרה כמה שבועות אחרי זה, ושבוע אחרי זה אני זוכר שהגעתי ראשון לכיתה, ואת הגעת שניה, וכשהגעת לא ידעתי מה לומר, כי עוד לא פגשתי מוות, ואמרתי לך מזל טוב שחזרת, ואת כמובן נהנית מזה ואמרת: איתן, לא אומרים על דברים כאלה מזל טוב, ואז אמרתי: טוב, סליחה, אז מה אומרים, ואת גם לא ידעת כמדומני.

בכל מקרה גם עכשיו אין לי ממש מילים, לא השתפרנו בהרבה בהיבטים האלה של התמודדות עם המוות.
אולי אומר לך שאת חזקה יותר ממה שאת חושבת, או שבמקומות מסוימים אני בכלל מרגיש שהגבלתי אותך, להכל אני מאמין אבל אולי באמת צריך קצת לתת מקום לשקט הזה, לרגע קצר של דממה.

כי אולי הניסיון למלא את החלל ברעש עשייה דיבורים

אהבה לצד אהבה נוספת: איתן ויעל הכירו בגיל שש והיו חברי נפש מאז ועד יום מותו. בשלב מסוים בגיל ההתבגרות, לחברות העמוקה שלהם התווספה קומה של אהבה רומנטית, ובגיל עשרים וארבע הם נישאו.

רותי: רותי, אמא של יעל, נפטרה מסרטן כשיעל הייתה בת שבע. באותה תקופה היא הייתה עבור איתן פשוט רותי מהיישוב, אמא של יעל חברתו לכיתה.

ותנחומים לא תמיד יעשה טוב, אולי לא, יפה שלי זה שלך.

פעם לפני הרבה שנים הייתה לי מחשבה שאם אגיע למצב של סבא קופלו אני לא ארצה להמשיך.

לקראת השנה החדשה חשבתי על זה כמחשבה אנוכית. תן לי לגווע כזאב ומהר בגיל מבוגר מאוד, אחרי שהשלמתי הכל, אחרי שכל הקשרים בחיי קצת דעכו, שאהיה גם ככה זיכרון של אנשים ולא נוכח מאוד בחייהם, תן לי ללכת אחרי יעל, תן לי לראות את בעז גדל להיות מבוגר שיכול לדאוג לי,

ותן לו לגדל לי מספיק כדי שהוא ירגיש שהוא עשה די. תן

תן: "כשקראתי את המכתב בפעם הראשונה, הייתי בטוחה שהוא קטוע", מספרת אשתו. "לחצתי על כפתור 'הקודם' בוורד שוב ושוב, ולא מצאתי עוד משפט שהיה שם ונמחק. ואז הבנתי שזה זה. אני חושבת שזו תפילה".

עומרי שורץ

סגן עומרי שורץ ז"ל, משדמות דבורה, צוער בגדוד גפן, שירת כלוחם בסיירת צנחנים. נפל בקרב בצפון רצועת עזה בח' בטבת תשפ"ד, 20.12.2023. הותיר אחריו הורים, אח, אחות ובת זוג. בן עשרים ואחת בנופלו.

עומרי כתב מכתב פרידה פעמיים.

בשבעה באוקטובר, בעיצומה של לחימה קשה בהגנה על קיבוץ כיסופים, עומרי וחבריו ללחימה תפסו מחסה זמני מאחורי בית הקברות הסמוך בשל התרעות על ירי טילים. עומרי שלף מכיסו פנקס ספירלה קטן וכתב בעמוד הראשון מכתב פרידה.

הפנקס הפך ליומן המלחמה של עומרי בעזה והוא המשיך לכתוב בו עד יום מותו.

ב־2.12.23, לקראת יציאה לפעילות מורכבת, כתב את מכתב הפרידה השני. שבועיים וחצי אחר כך נפל בקרב.

ב־14.10, בין שני המכתבים, עומרי כתב ביומנו: "לא כתבתי הרבה זמן... אני חושב שזה בגלל שסכנת המוות פחות אופפת אותי לתחושתי. הכתיבה החלה כי רציתי שישאר ממני זיכרון כתוב טרי, ומכתבים זה לא בשבילי, זה מקרב את הסוף".

אני עשיתי חיים משוגעים

עומרי שורץ

7.10.23

בדיוק יצאנו מכיסופים. שוכבים פה בשטח הפתוח מאחורי הבית קברות, כל דקה 'גשם סגול'. אני רושם כאן כי אני מבין שהקרב הקטלני שעברנו הוא לא האחרון.
אז למשפחתי אכתוב שחינכו וגידלו אותי כמו בספר, אמא ואבא אני אוהב אתכם, אתם הכי טובים שיש. זוג עם לב אחד, שילוב מדויק בין לב ומוח.
נועם אחי, אתה מלח הארץ הזאת ואני אוהב אותך.
ולולה אחותי, שמרי על כולם שפויים, הרי את הכי חכמה כאן.

שהקרב הקטלני שעברנו הוא לא האחרון: עומרי נלחם באותו יום ברחבי העוטף על הגנת המקום שהיה לו לבית. אחרי התיכון הוא התנדב לשנת שירות בקיבוץ בארי ונפשו נקשרה בנפשם של בני הקיבוץ. במהלך המלחמה, כשיצא לחופשה של שעות ספורות, במקום לנסוע לביתו נסע ישירות למלון בים המלח שבו שהו מפוני בארי. באותו יום הכריז שאחרי השחרור יעבור לגור בקיבוץ. את המלחמה בעזה עומרי כינה "מלחמת בארי".

2.12.23

יוצאים לפשיטה מורכבת הלילה, אבל החיוך לא יורד מהפנים. לזה חיכיתי, לזה התאמנתי, אני חלק מהמורשת של המדינה הזאת. הכל מובן פתאום. הדור שלנו, התור שלנו.

החיוך לא יורד כי כל החוויות שצברתי, והאנשים שאיתי בדרך, לא מאפשרים לי. לא יכולתי לבקש חיים טובים יותר, לא הורים אוהבים יותר, לא משפחה מגובשת יותר, לא אהובה גדולה יותר, לא חברים טובים יותר.

תמשיכו לצחוק ולהינות,
כי אני עושה חיים בשועלים.

הדור שלנו, התור שלנו: ב־20.12.2023 עומרי כתב ביומנו: "המלחמה לא קשה, יש אוכל, מזרונים, ובגדול כל מה שצריך. אם סבא יעקב עשה סצנת מילוט באירופה הקרה עם ילד בן שמונה על הגב, מי אני שאתלונן". שעות ספורות אחר כך נפצע בקרב והמשיך להילחם בגבורה עד שנהרג.

תמשיכו לצחוק ולהינות: בעקבות המכתב של עומרי, האמן יהלי סובול הוציא לאור את השיר "עומרי שומע", ובו המילים: "עומרי שומע, אתה ציווית להיות שמח, אבל שבעה זו מסיבה גרועה (...) בסולם של מאחד עד מאה, זאת לא צוואה קלה".

מילים אחרונות וגעגוע

אשכול נבו | סופר

"הי, אני תומר, אבא של עומרי שורץ שנפל בעזה לפני חודש וקצת. הדף הזה היה בציוד שחזר איתו. הקראתי את זה בשלושים לזכרו". אני מקליק על התמונה המצורפת ומוצא שזה צילום של העמוד האחרון של "ארבעה בתים וגעגוע".

אני יושב בפודטראק של שואבה. עצרתי פה בדרך חזרה מירושלים, לכאורה כדי לשתות קפה ובעצם כדי להיות בדרכים יותר זמן, זה מקל קצת את הלחץ על העין השטופה. התכוונתי לענות למיילים של עבודה ופתאום, הווטסאפ הזה.

כשנוסעים בגשם שוטף, שמכה בזעם בחלונות הרכב, וחולפים מתחת לגשר, משתררת דממה פתאומית. נוקבת.

ככה אני מרגיש כשאני קורא את הווטסאפ של תומר, אבא של עומרי.

ואז קורא אותו שוב. עם הצילום המצורף. של המילים האחרונות של הספר.

"...אני רוצה לחיות בטבע. ואם זה יהיה מסובך מדי, אז לפחות לצאת מתל אביב כל סופשבוע. אני רוצה לעמוד על קצה של משהו ולראות רחוק ושקוף.

אני רוצה להתפעם מהדברים הקטנים. מללכת יחף על החול. מהופל של הגלידה. ממקלחת קרה בקיץ. מגרפיטי צבעוני על קיר מלוכלך. ממוסיקה חדשה, שאני לא מכיר. מלא להתגלח. מלהתגלח אחרי שהרבה זמן לא התגלחתי ולהעביר את היד על

הלחי החלקה. אני רוצה להתרגש מכל הקטנות האלה. לא לתת להם לעבור לידי.

אני רוצה אהבה. יותר מדי זמן נפנפתי בפרידה שלי מעדי כמו בפטור, ועכשיו, אחרי השבועיים האלה עם נינה, אני יודע שאני מסוגל ליותר... אני רוצה לקרוא יותר. לנסוע באופניים יותר. להיות בקשר טוב יותר עם אחותי. אני רוצה להסתכל יותר בעיניים. להגיד את האמת יותר.

וחוץ מזה, אני רוצה הביתה"

*

כתבתי את "ארבעה בתים וגעגוע" בזמן האינתיפאדה השנייה. הייתי בוקע משעות הכתיבה ומגלה שבינתיים עוד אוטובוס התפוצץ. עוד בית קפה קרס על יושביו. הספר עצמו מתחיל בתקופה שקדמה לרצח רבין. ומלווה את החודשים שבאו אחריו. לא רק המדינה הולכת ומידרדרת בספר אחרי הרצח: זוגות נפרדים. בתים מתפרקים. עצב מפעפע לתוך כל רגע ורגע בחיי היום יום של הדמויות. ואולי דווקא בגלל זה, היה לי חשוב שבמילים האחרונות של הספר תהיה תקווה.

הרי המילים האחרונות הן אלו שמהדהדות בתום הקריאה. אלה שמעניקות לספר את המשמעות שלו.

זה הרגע שבו אתה, הכותב, צריך לבחור עם איזו תחושה אתה רוצה להשאיר את הקורא שלך.

אז ממש בהזדמנות האחרונה, רגע לפני שמגיע הלבן של הדף שאחרי המילה "סוף", מודי, שטייל בדרום אמריקה ארוכות, שולח לחברו עמיר, שבירושלים, מכתב אחרון לפני שהוא עולה על המטוס לישראל. במכתב הוא מפרט את כל ההבטחות שהוא

הבטיח לעצמו במהלך הטיול, ומבקש מעמיר שיהיה עד להן, שישמור עליו ויוודא שהוא אכן מקיים אותן כשהוא חוזר.

זאת רשימת משאלות של איש צעיר, שהיא אולי הדבר הכי קרוב לתפילה שכתבתי.

*

אני חושב על זה שעומרי שורץ לא יוכל להגשים את כל המשאלות האלה – ומשתנק. ונכנס לרשת לקרוא עליו קצת. לפני שאענה לאבא שלו.

מכל הדברים תופס אותי משום מה הפרט הבא:

לכל מקום עומרי היה הולך עם פנס ראש. תמיד ארז אחד כזה בתיק לטיול או לצבא. שיוכל לקרוא. אפילו בתמונות מעזה, כשהכול מוחשך, האלומה של פנס הראש שלו בוקעת. מאירה.

אני נזכר ב"שיר לגוני" שכתב נתן זך לגוני הרניק שנפל בלבנון – שאז עוד לא ידעו שתהיה לבנון הראשונה – ובין חפציו נמצא שירו של זך, "חרטה".

אולי אצטט ממנו בתשובתי לאבא של עומרי?

אני מחפש את השיר ומוצא את השורות הבאות:

אֵינֶנִּי יוֹדֵעַ מַה הֵנִיעַ אוֹתְךָ לָקַחַת אִתְּךָ

בֵּין חֲפָצֶיךָ דַּוְקָא אֶת הַשִּׁיר עַל הַמֵּת

אֲשֶׁר הַתּוֹלָעִים אֵינָם מַנִּיחִים לוֹ לְהִתְחָרֵט:

צֵידָה מְפֻקְפֶּקֶת לְדֶרֶךְ מִמֶּנָּה לֹא חָזַרְתָּ –

אוּלַי כְּקָמֵיעַ-סְגֻלָּה: הַמִּלִּים שֶׁלִּי

בִּמְקוֹם מוֹתְךָ, כַּפָּרָה.

השורות של זך יפות מנשוא, ולא נראות לי מתאימות כתשובה לאבא של עומרי.

במקום זאת אני כותב לו "טוב שיצרת קשר, תומר. מרגש אותי לדעת שקראת את הטקסט הזה בשלושים של עומרי. אני שולח לכם חיבוק והשתתפות בצער ואני כאן בשבילכם אם תצטרכו... כל דבר".

השמיים מתחילים לזלוג שוב. העובדים של הפודטראק מקפלים את הכיסאות ולבסוף גם סוגרים את הבסטה.

כמה חודשים אחר כך, אני שוב חוזר מירושלים, והקריין ברדיו מספר על שיר חדש של יהלי סובול, "עומרי שומע", שנכתב בהשראת מכתב שהשאיר אחריו עומרי שורץ ז"ל.

אני מקשיב לשיר היפהפה בירידות של שער הגיא וחושב, המילים של עומרי, התגלגלו ליהלי, שהפך אותן למילים שלו, שגם הן, כדרכן של מילים, יתגלגלו להן בעולם ואולי-אולי, בסוף, ימצאו מנוחה נכונה אצל האדם שהכי זקוק להן.

יפתח יעבץ

סרן יפתח יעבץ ז״ל, מרמת השרון, קצין אג״מ ביחידת מגלן. נפל בקרב על קיבוץ נחל עוז בכ״ב בתשרי תשפ״ד, 7.10.2023. הותיר אחריו הורים וחמישה אחים. בן עשרים ושלוש בנופלו.

יפתח כתב את המכתב שלושה חודשים לפני המלחמה, ב־2.7.23.

כקצין אג״מ ביחידת מגלן, הוא עמד להיכנס בראש הכוח במבצע ׳בית וגן׳ לסיכול טרור בג׳נין. יום לפני המבצע יפתח דיבר עם חברו הטוב גּוֹנִי, ושיתף אותו בתחושותיו לקראת המבצע המורכב. ״אחי, אנחנו עושים משהו היסטורי״, כתב לו. ״ואני נעליים ראשונות שם. אחיך דויד ראשון במכת פתיחה״.
למחרת, רגע לפני שיצאו למשימה, שלח יפתח לגוני את המכתב וכתב: ״אל תראה את זה לאף אחד. אם משהו מסתבך היום תשלח את זה להורים שלי״.

גוני כיבד את בקשתו ולא סיפר על המכתב לאיש. כשיפתח יצא בשלום מג׳נין חזרו שניהם לשגרה ולא דיברו מאז על המכתב.

שלושה חודשים אחר כך, בשבעה באוקטובר, יפתח נפל בקרב על נחל עוז.

גוני לא זכר את קיומו של המכתב כשקיבל את ההודעה על נפילת חברו. רק למחרת נזכר במכתב שהופקד בידיו ושלח אותו להוריו של יפתח, שמעידים שהקריאה בו שינתה את חייהם.

פתאום התשובה ברורה לי מאוד

יפתח יעבץ

הרבה מחשבות מתרוצצות בראש על למה אנחנו, למה עכשיו, למה שם.

מתח באוויר, וגם בדיחות שחורות על מי יחזור ומי לא.

הרבה דגשים... לעבוד לאט, להיות עירניים, לסרוק כל הזמן.

אנחנו יודעים לקראת מה אנחנו באים, האויב מכיר את השטח ומכין לנו הפתעות.

עוד מעט נעמוד בשטחי כינוס בתדריך אחרון לפני יציאה בידיעה ברורה (לפחות לי) שאנחנו יוצאים למבצע שלא כולנו נחזור ממנו.

למרות זאת, אני מסתכל אחורה ולצדדים ואני מאוד בטוח בעצמנו. אנחנו חדים, התכוננו היטב, וכבר היינו במרחב הזה כמה פעמים.

אני מנסה לדמיין את השעות הקרובות. להוביל את הדבר הזה, להיות שם ראשון בחלק הכי מורכב - זה בדיוק מה שחינכתם אותי לעשות.

וכשהמחשבות מעט בורחות, למה אנחנו ולמה עכשיו, על זה אני חושב, ופתאום התשובה ברורה לי מאוד. להילחם על הארץ הזאת, להוביל את היחידה הזו, זאת לא גבורה עילאית - זה סטנדרט. ואם הייתי צריך לפסל מחדש את חיי, לא הייתי משנה דבר.

אוהב אתכם, יפתח

למה אנחנו ולמה עכשיו: ימים ספורים לפני שנפל, שלח יפתח מכתב לאחותו הקטנה תמר שהייתה לקראת המסע לפולין, ובו כתב: "אני כותב לך את המכתב הזה כשאני תכף משתחרר אחרי חמש שנים בצבא, ואוטוטו מגיע גם תורך לקחת חלק במירוץ השליחים הבלתי נגמר הזה. ככה ימשיכו גם יעל, ודן, והילדים שלי, והילדים שלך. אחרי המסע הזה את כנראה מבינה, אין לנו ארץ אחרת. וככה אנחנו, דורות אחרי דורות, נשבעים שזה לעולם לא יקרה שוב".

ואם הייתי צריך לפסל מחדש את חיי, לא הייתי משנה דבר: "הביטוי המקורי שיפתח בחר, 'לפסל את החיים', הוא בדיוק תפיסת החיים שאפיינה אותו", אומרת אימו שירה. "החיים הם לא משהו שקורה לו אלא משהו שהוא מפסל במו ידיו. החיים הם היצירה, והוא היוצר".

יפתח היה אדם כותב, ומבין אלפי המילים שהשאיר אחריו, הוריו בחרו לחרוט דווקא את המשפט הזה על קברו.

"יפתח מעיד על עצמו שהיה שלם עם מהלך חייו ועם הבחירות שעשה", מסבירה אימו. "זה המשפט היחיד שיוכל לנחם אותי במעט כשאבוא לבקר אותו שם".

סופיאן דגש

סמ"ר סופיאן דגש ז"ל, ממר'אר, לוחם בגדוד הנדסה קרבית 601, חטיבה 401. נפל בקרב בצפון רצועת עזה בכ"א בטבת תשפ"ד, 2.1.2024.
הותיר אחריו הורים ושתי אחיות.
בן עשרים ואחת בנופלו.

סופיאן כתב יומן מלחמה במחברת החל מהכניסה הראשונה שלו לעזה ולאורך כל המלחמה.
את המילים האחרונות שלו כתב ב־16.12.23. לאחר שבועיים נפל בקרב.

אף שסופיאן הוא לוחם דרוזי ושפת האם שלו היא ערבית, הוא כתב את היומן כולו בעברית.

היומן נשמר אצל חבר של סופיאן והועבר למשפחתו אחרי שנהרג.

אני מרגיש געגועים בכל הגוף

סופיאן דגש

27.10.2023

officially i'm going to war

יצאתי מהשטחי כינוס לעבר הגדר של עזה [...]

הולך להיות קשה נפשית/ופיזית ומלא כיוונים. אני מתמודד עם לא מעט קשיים וכל מה שעובר לי בראש זה אמא-אבא-ג׳וליה-ג׳ינא. הלוואי ודיברתי איתם יותר לפני שיצאתי. מתחרט על זה וזה שורף לי. אני לא יודע אם אני מסוגל להמשיך, אבל אני כן רוצה לסיים ולחזור הביתה שלם ובריא, ובשבילם אני הולך לעשות את זה.

29.10.2023

יום שלישי למלחמה או יותר נכון לכניסה הקרקעית שלנו לעזה. פתחתי את הבוקר בהריסת מבנים ותשתיות של טרור ואנטנה אחת מאוד גדולה שבאמת היה מגניב להפיל אותה.

השעה עכשיו 9:51

אני מרגיש געגועים בכל הגוף, בא לי לעוף מפה ופשוט ללכת, אבל צריך להשמיד את ארגון הטרור הזה כדי לחזור לחיים שלי ולמשפחה שלי ואני יעשה הכל כדי לחזור ואם צריך אני ישטח את עזה לבד כדי לחזור אליהם. המטרה הראשונה אצלי בראש זה לחזור הביתה!!! ובגלל זה אני ילחם עד הסוף ואני ילחם על זה, אין סיכוי כזה שלא חוזרים.

15.11.2023

קשה מאוד, זה היום ה־20 מאז שהתחילה המלחמה אבל עד עכשיו לא הרגשתי את זה ורק עכשיו הכול נופל עלי בבום. אני מפחד, אני חושש, אני בנאדם! נעדכן בהמשך.

שבת 16.12.2023

יום 70 למלחמה

אחרי חודשים שלא ראיתי בית לא יודע מה אני מרגיש כבר...

מחר (ראשון) אני יוצא הביתה ואני מאוד שמח. התגעגעתי לאמא, אבא, ג׳וליה, ג׳ינא, סבא, סבתא, דודים, דודות, כולם כולם בלי יוצא מן הכלל.

ראיתי הכול במלחמה הזאת וגם גדלתי ולמדתי הרבה, ולכל זה יש מחיר מאוד כבד. לאבד חברים ולהפסיד שותפים לחיים ומראות מאוד קשים.

אבל איך שהוא המשכתי והייתי חד מטרה למרות הכעס הגעגוע והקושי

ולכן הכל כייף

לאבד חברים: סופיאן התקשר לאביו חאלד מלב עזה וביקש ממנו שילך ללוויה של חברו סמ״ר גל הרשקו ז״ל, אליה לא יכול היה לצאת תוך כדי הלחימה.

לאחר הלוויה סופיאן התקשר לאביו כדי לוודא שהגיעו מספיק אנשים. כשאביו אישר שהגיעו רבים, סופיאן אמר: ״מגיע לו. גל הוא בן אדם טוב, מגיע לו שהרבה אנשים ילוו אותו בדרך האחרונה שלו״. להלווייתו של סופיאן עצמו הגיעו כעשרת אלפים איש מכל רחבי הארץ.

הכל כייף: סופיאן מסיים את מה שהפך למכתבו האחרון במילים ״הכל כייף״, בסתירה כמעט מוחלטת למשפטים הקודמים. חאלד אביו מספר ששתי המילים האלה נותנות לו כוח להמשיך.

שחר פרידמן

סמ"ר שחר פרידמן ז"ל, מירושלים, לוחם בגדוד 101, חטיבת הצנחנים. נפל בקרב בצפון רצועת עזה בה' בכסלו תשפ"ד, 18.11.2023. הותיר אחריו הורים, שלוש אחיות ובת זוג. בן עשרים ואחת בנופלו.

שחר כתב שני מכתבים אחרונים.

את הראשון, צוואה להוריו, כתב ב־27.10.23 לקראת הכניסה לעזה. הוא שלח את המכתב לחברו איתי וצירף בהודעה הבאה את מספר הטלפון של אימו.

את המכתב השני כתב שחר בפתקים בטלפון ב־29.10.23, יומיים לפני שנכנס לעזה. הוא שלח אותו לנגה בת זוגו וכתב: "אל תילחצי מזה. זה פשוט משהו שכתבתי עכשיו אחרי שהיה לי פה כמה דברים. זה לא איזה הספד או משהו, זה פשוט איזושהי אג'נדה".

שחר כתב את המכתב אחרי שלחם בקרבות קשים בעוטף בשבעה באוקטובר. בריאיון שצולם איתו בתחילת המלחמה אמר: "הזוועות שראיתי גרמו לי למצוא את ה'למה' שלי". כשבועיים לאחר שכתב את המכתב, שחר נפל בקרב. באותו היום חברו איתי העביר להוריו את הצוואה.

המכתב ששחר כתב לנגה, אותו הגדיר "פשוט איזושהי אג'נדה", תורגם לשפות רבות והופץ ברחבי הארץ ובעולם.

מלבד המכתבים, שחר מצא בעזה מחברת אדומה והחליט להתחיל לכתוב. בין הקרבות הוא ניהל יומן ושזר בו מכתבי אהבה לנגה בת זוגו. "בן אדם שלא היה כותב", מספרת נגה, "פתאום השאיר אוצר של עשרים ושישה עמודים". מארינה מקסימליאן בלומין יצרה שיר בשם 'מכתבים לנגה' שמבוסס על מילות היומן.

נלחמתי בשביל שתחיו, לא שתשרדו

שחר פרידמן

27.10.23

להורים שלי היקרים,

שתמיד תמכו בי ואהבו אותי לא משנה מה, שנלחמו בשבילי כמו אריות ואף פעם לא וויתרו לי בדרך למטרה - להיות אדם טוב ככל שאוכל, אני מקווה שהצלחתי להגשים את זה כמה שיותר.

אני אוהב אתכם הכי בעולם ומעריך אתכם עד אין קץ על כל מה שעשיתם בשבילי, אני נוצר בראשי כל רגע משותף שלנו ביחד, גם הטובים וגם הרעים כי כל אלה הביאו אותנו הלום.

אתם חברים טובים שלי וכיף לי אתכם בטירוף! זכיתי בגדול בדינמיקה ובחברות שלנו היום ואני אסיר תודה על כך.

אתם חברים טובים שלי: ביומן המלחמה שניהל בעזה, כתב שחר בקטע שמוקדש לאביו:

"אבא, שוב יום שישי ושוב הגעגועים לרגעים היפים שלנו בשבת עולים, והדמעות מחניקות ורוצות לצאת. איזה כיף אם נגיד הייתי יוצא אתמול בבוקר מעזה ועכשיו היינו יושבים בערבית ולא הייתי מפסיק לדבר ואתה היית מקשיב ומידי פעם דופק לי ששש! כדי שנתפלל שנייה ואז היינו חוזרים.

אני מתגעגע אליך אבא שלי. מקווה שנוכל לשבת בקרוב ולצחוק על הכל למרות שהרוב פה לא מצחיק... יש פה שמירה אלוקית מטורפת, שתדע, או שהם פשוט ממש גרועים, שרקו לי פה כבר הרבה נ"ט ליד האוזן. מה אני אגיד לך, יש לו עדיין תכניות בשבילי".

אני מקווה ובטוח שנקרא את המכתב הזה אחר כך בחצר עם איזה בירה טובה וסיגריה ונצחק ונתכנן תכניות לעתיד ואתם תרימו גבה על התכניות שלי, אבל אם לא אז אני מבקש בכל לשון של בקשה, אני נלחמתי בשביל שאני ומשפחתי וחבריי יחיו! שתחיו! לא שתשרדו, לא שתנשמו ותתקיימו, כדי שתחיו את החיים בצורה מלאה, אז תעשו את זה!

תטיילו בכל העולם בשמי ותעשו דברים משוגעים, תצאו לרקוד כמה שיותר כמו שאהבתי, תשמעו מוזיקה מיוחדת ומגוונת ותאהבו את החיים, תעריכו את הדברים הקטנים שהופכים את חיינו למיוחדים, כשנופל שיר יפה בשאפל או ברדיו, כשיש מזג אוויר מושלם לים או למעיין באמצע היום ואתה קופץ למים גם אם זה לעשר דקות.

פשוט תחיו את החיים במלואם.

תדעו לכם שגם אם חס וחלילה נפלתי בקרב והכל נראה שחור, אני יושב למעלה ומחייך כי אני בחרתי בזה. בזכות החינוך שקיבלתי הגיעה לי ההבנה שאם אני רוצה באמת לחיות אני צריך עכשיו לסבול קצת, ירידה לצורך עלייה.

נקראתי להגן על הדגל ואין מאושר ממני על כך! אני שמח שנפלה בחיקי הזכות לתת שקט למשפחתי ולחבריי

נקראתי להגן על הדגל: בשבעה באוקטובר שחר ניהל קרבות קשים בעוטף. "אין פה אחד שאין לו חבר הרוג", אמר שחר בריאיון לאחר הקרבות. "כשחיילים יוצאים לחופשה, הפנטזיה שלהם זה לאכול שווארמה. הפנטזיה שלנו היא ללכת לקברים של החברים שאיבדנו.

אני אוהב את המדינה הזו ואני באמת אוהב את העם שלי, כל אחד ואחת,
לא איכפת לי דת, גזע, צבע ומין.
לכלכו על הדור שלנו, דור הטיקטוק, אבל יש פה מעשי גבורה. יש לי חבר, עמד בכניסה למיגונית, כל רימון זרק החוצה. זה דור אחר. הוכחנו את עצמנו. המפקד שלי אמר ביום הראשון למלחמה 'אני מוכן למות'. ואני כמוהו. אני מוכן למות בעד המדינה שלנו".

שבועיים לאחר מכן, שחר ומפקדו ג'מאל עבאס נפלו יחד בקרב בעזה.

ולכולם עם ישראל, אם בשביל שאתם ושאחיות שלי והאחיינים שלי וסבא וסבתא ישנו טוב בלי אזעקות ולא יצטרכו לפחד מפיגועים ויחיו בשלווה אני צריך להקריב את חיי אני מקבל את זה לגמרי ושלם עם זה.

בכל מקרה אני מקצוען בתוך פלוגה של מכונות ואני בטוח וסמוך ששום דבר לא יפגע בי, אבל אם נכשלתי בהבטחתי אז לא רציתי לא להשאיר מאחוריי כמה מילים, הרי אתם יודעים כמה אני אוהב לדבר...

ולסיום - תודה לכם באמת באמת, אני אוהב ומעריך אתכם הכי בעולם!

תחיו!!

29.10.23

היו אנשים טובים. תחייכו. תשאפו לגרום לכל אדם שיפגוש בכם לחייך גם. תהיו פתוחים לביקורת ותנסו תמיד להשתפר.

אחיות שלי: שחר כתב ביומנו גם לנויה, אחותו הגדולה. "אה תאומה שלי, לא רוצים לישון רוצים להשתגע? נון שלי, רוצה לישון, מי האמין שהאח התינוק יכתוב לך מכתב מלב עזה. יא אללה היית משתגעת פה, הריח נורא, אני מתגעגע אלייך אחותי, אני ואת מחוברים בחוט הרי, לא? זוכרת שאבא היה מקריא לנו חסמבה? תמיד רצינו להיות גיבורים כמוהם, זה סוג של ככה, לא?"

היו אנשים טובים: "בפעם הראשונה שקראתי את המילים האלה חיפשתי באינטרנט את המקור שממנו הוא ציטט את הטקסט", מספרת ליאת אימו. "זה כתוב במשלב נורא גבוה, איזה ילד בן 21 כותב 'הֱיוּ'?

היום אני מבינה שהוא התבגר בבת אחת. הזוועות שהוא ראה הוציאו ממנו פתאום את כל הד.נ.א הפנימי שלו. במקום לכתוב על ייאוש, אכזבה או פחד, הוא בחר לכתוב 'היו אנשים טובים'. זו הייתה הדרישה של שחר מהעולם ומעצמו מאז ומתמיד".

דעו כי המידה הגדולה ביותר אשר יכולה להיות לאדם היא היכולת לשמח אדם אחר. תפתחו אוזניים לצרכיו של הזולת ותפקחו עיניים לצערו.

השתדלו לחייך כמה שיותר גם כשקשה. שימו לב לאנשים הקטנים שנופלים לנו בזווית של העין.

תעריכו את הדברים הקטנים שיש לעולם להציע, בעיקר טבע ומוזיקה.

והכי חשוב - תהיו אנשים טובים **בדרככם**. אל תיתנו לחברה להכתיב לכם מה עושה אתכם אנשים טובים - פשוט השתדלו כמה שאפשר; וגם כשנופלים, דעו כי זאת הדרך להצלחה.

תאהבו את עצמכם ואת העולם, וכשתקרינו החוצה שמחה - ייווצר לאט לאט מעגל שייצור עולם טוב יותר.

תעריכו את הדברים הקטנים שיש לעולם להציע: שחר מצא בעזה טרנזיסטור ישן במהלך הלחימה ותיקן אותו. בהפוגות שלו מהלחימה האזין בו למוזיקה. ביומנו כתב: "אני יושב על כיסא בסלון עם פנס קטן ומדבר עם אמא שלי, ברקע 'סע לאט' ברדיו קטן על סוללות ומשמאלי קשר, אבל כשאני מדבר עם אמא הכל רעשי רקע. הרגשתי שחיבקת אותי היום ב־20:00 ושאת שולחת לי כוחות. הופה, התחלף שיר: 'הגוזלים שלי עזבו את הקן'".

בקטע שהקדיש לנגה ביומנו, סיפר שחר: "באחד האיתורים היום, כשחיכינו להיכנס להתקפה, קטפתי בזיליקום ולימון, עישנתי טונה והוספתי בוטנים מלוחים. מזכיר לי: כשאחזור, אכין לך דג כמו שאת אוהבת. אוהב אותך".

מילים ראשונות

צבי בן מאיר | סופר

אדם נולד והכול מחכים שיגיד מילים ראשונות. הוא אומר, אבא. הוא מנסה, אימא. הוא מצביע על בקבוק ואומר, מים. הוא מצביע לשמיים וקורא, ציפור.

והוריו כל כך גאים במילותיו הראשונות. הם אומרים, תשמעו אותו, תראו איך הוא מבטא יפה, איך הוא מצליח, איך הוא אומר, איזה ילד נבון. והילד הנבון ממשיך לומר. הוא אומר, אני אוהב, הוא אומר, אני כועס, הוא אומר, אני עצוב, אני שמח, אני רעב. לעיתים הוא מקצר ודורש, במבה, נדנדה, סרט, חיבוק. לעיתים הוא מרחיב ואומר, במבה צהובה, נדנדה בחוץ, סרט טלוויזיה, חיבוק חזק. לעיתים הוא שוכח את המילים וממציא הברות משלו והן נשמעות כמו שפה עתיקה או זרה שרק הוא יכול להבין.

אדם נולד ויש לו את מילותיו הראשונות. אביו וגם אימו יזכרו אותן תמיד. הם יספרו זה לזו וזו לזה, זוכרת איך אמר פתאום מגלשה. זוכר איך אמר פתאום גרב. זוכרת איך ביקש פתאום מיץ. זוכר איך ביקש פתאום, יד, כשהיינו בדרך. זוכרת שהחזיק את הבקבוק הקטן של בועות הסבון ואמר, אני בונה בלונים. זוכר שהצליח לומר בקול ברור, השם שלי הוא. זוכרת שבוקר אחד קרא ממיטתו, אבא, אימא, בואו אליי. ואחר כך הוסיף, עכשיו. זוכרת שאמר, בואו אליי עכשיו.

ועכשיו הוא בכלל איננו. הילד עם מילותיו הראשונות איננו. הוריו עומדים עם מילותיו האחרונות, הצפופות, הנרגשות, המפוכחות עד אימה. והוא איננו. הוריו קוראים את מילותיו האחרונות המנסות לאהוב אותם מרחוק. להרגיע, לחבק, לנחם.

אבל מה יכול להיות מנחם במילים של הילד שאת הילד אין.

ולמה שלא יהיה מכתב של מילים ראשונות. מכתב של, אם אתם קוראים את זה כנראה שנולדתי. מכתב של, אם אתם קוראים את זה, כנראה שאני תיכף בא, או שכבר באתי. מכתב של, אם המילים האלו פוגשות אתכם, כנראה שהגחתי מן התוהו, מן החשכה, מן הריק. כנראה שאני ישנו. מכתב של הדברים שהנה אפשר להניח אותם ככה מההתחלה, של מה אני רוצה ומה אני צריך ומה אתם רוצים ומה אתם צריכים ואיך ננסה אולי ואיך נעשה את זה נכון, כולנו.

מכתב של חלומות, של בראשית, של אהבה מקולפת מראש לכל החי ולכל הרוחש ולכל הקורה. מכתב שמוצאים אחר כך, אחרי שהילד כבר כאן. במגירה שלו, בשידת ההחתלה, בתיק בית הספר, במכשיר הפלאפון החדש שקנו לו, במחשב. ואז מבינים עליו איזה דבר ואז מחבקים אותו איזה חיבוק ואז מניחים יד, פותחים דלת, מדליקים אור. והנה הוא פה.

*

ומבוקר השבעה באוקטובר היינו במילואים במוצב הגבוה בהרי בנימין, וכל הזמן נשבה עלינו הרוח. על קיר החמ"ל תליתי דף ובתוך הדף, בטוש שחור צבאי וחורק רשמתי כל בוקר, את שמות המותרים לפרסום שבאו אלינו מדרום או מצפון. רשמתי שם פרטי, שם משפחה, דרגה, מקום מגורים, מקום נפילה. כשהדף התמלא, תליתי חדש. ועליו, חדש נוסף.

רשמתי. כדי שלא נשכח אותם כל כך מהר. כדי שלא יתקהה הלב. יותר מזה מה כבר אפשר לעשות. הם הרי באו בשלשות, ברביעיות. הם באו בשמיניות, בשביעיות. הייתה פעם שהם באו בעשיריות. השמות רדפו תמונות שרדפו שמות שרדפו אותנו. יצאנו למשימות השמירה, למחסום, למעצרים, לעמדות. שיחקנו שש-בש וקטאן וכדורגל, אכלנו מרק שהגיע בתרומה מהיישוב הסמוך, שרנו את התקווה פעם ועוד פעם במרכז הפלוגה, דיברנו על זוגיות ועל ילדים ועל אהבה ועל פוליטיקה ועל החטופים

ועל המפונים ועל מיכה שעזב לפלוגה אחרת ועל בועז שהצטרף ושתק שבוע שלם ועל תאריך השחרור ועל אם נהיה פה עד פסח ועל אם נהיה פה לתמיד. ועל השמות שהוסיפו להירשם על הדף בחמ"ל.

לפעמים ניסינו לקרוא עליהם קצת, להבין מי הם היו, להחיות אותם מעט לפני שילכו לתמיד. לפעמים הכרנו אותם גם בלי לקרוא. היה הרי את בן הדוד של חנן ואת בן הדוד של דורון ואת הגיס של משה ואת החבר של מיקי. היה את יוחאי שזכרתי נער ולא ידעתי שכבר גדל ובגר והיה לקצין. ונפל. וגם אלינו, לתוך שגרת המוצב האפורה, היו מגיעות המילים האחרונות שלהם. מישהו היה מקריא מעיתון. מישהו סיפר ששמע ברדיו. שראה בכתבה: תהיו חזקים בשבילי, תמשיכו לשמוח, תחלקו בירות בשבעה, תספרו בדיחות בשלושים, הלב שלי שלם, אני אוהב את המדינה הזו, את המחשב תעבירו לאיתי המתוק, את הכלב תגדלו עד שיזדקן, את התמונה של מסי תשאירו על הקיר.

ולא ידענו מי הם היו. וידענו שהם הרי היו מאוד.

ובטח אם רק יכלו, היו שורפים את המילים האחרונות שלהם עצמם, דוחפים עמוק לכיס שאיש לא יפתח אף פעם, מקריאים לחבר או לחברה וצוחקים, שומרים למזכרת.

אם רק יכלו, היו כותבים לנו, כדי שנמצא ונקרא, מכתב של מילים ראשונות. היו באים חזרה אל המילים מן השקט ועוד פעם נולדים לכאן, אל החי, אל התוסס, אל השבור, אל הכואב, אל הצומח.

אם רק יכלו היו ממלמלים שוב, כמו פעוטות מסנוורים מהאור:

אבא, אימא, מים, ציפור.

יאיר רויטמן

סמל יאיר רויטמן ז"ל, מקרני שומרון, לוחם בהכשרה בסיירת גבעתי. נפצע באורח קשה בקרב בדרום רצועת עזה ב־10.6.2024 ונפטר מפצעיו בט' בסיוון תשפ"ד, 15.6.2024. הותיר אחריו הורים וחמישה אחים ואחיות. בן תשע־עשרה בנופלו.

יאיר כתב את מכתבו האחרון בכתב יד ב־28.5.24 לקראת אחת הכניסות שלו לעזה והפקיד את הדף אצל הרס"פ. ליתר ביטחון הוא גם צילם את המכתב, ושמר את התמונה בגלריה סמויה בטלפון.
יאיר נפצע בקרב באורח קשה, ולאחר חמישה ימים שבהם נאבק על חייו הוא נפטר מפצעיו.

בבוקר הראשון של השבעה הגיע הרס"פ לבית הוריו של יאיר ומסר להם את המכתב.

החלטתי לכתוב בשביל עוד איזה זיכרון

יאיר רויטמן

בס"ד

28.5.24

משפחה יקרה שלי, מקווה שלא תצטרכו לפתוח את המכתב הזה לעולם.

לא רציתי לרשום את זה בגלל מזל רע, אבל החלטתי לכתוב בשביל עוד איזה זיכרון ואולי אפילו חיוך ושתדעו כמה אני אוהב אותכם ורוצה להגיד לכם תודה על כל דקה בחיים שלי, על כל חיוך שנתתם לי.

ורוצה לבקש ממכם שלא תהיו עצובים בגללי. שאני אהיה רק הזיכרון המחזק שלכם בכל מה שתעשו, ואשמח לראות את ההצלחות שלכם כאן מלמעלה.

שלא תהיו עצובים בגללי: אחרי שיאיר איבד חבר בקרב, הוא התקשר לשלושת חבריו הטובים ביותר והשביע אותם שאם יקרה לו משהו יתמכו בהוריו וידאגו שלא ישקעו בעצב.

ורוצה לבקש סליחה אם פגעתי מתי שהוא, ורק רוצה שתמשיכו לעשות טוב

אוהב אתכם תמיד יאיר!!! ♡

לבקש סליחה אם פגעתי מתי שהוא: יאיר גדל בבית דתי להורים ששניהם אנשי חינוך, ולאורך חייו בחר בדרכים אחרות משל הוריו. ליאיר היו יחסים מורכבים עם הדת, ובתחילת התיכון עזב את הלימודים ופתח פודטראק מצליח. למרות הפערים, יאיר שמר על קשר חזק ואוהב עם הוריו ועשה הכול כדי לא לפגוע בהם. רק אחרי הפציעה הקשה של יאיר, בבית החולים, גילה אביו איתן שעל החזה של יאיר מקועקעות המילים "אם לא תנסה לא תצליח".

"הוא הסתיר את הקעקוע מאיתנו כל השנים כדי לא לצער אותנו", מספר אביו. "זה שימח אותי. הוא עשה מה שבא לו, ועדיין היה צדיק. גם במכתב האחרון שלו, המילה הראשונה שכתב היא בס"ד. כנראה שהלב שלו היה לגמרי שם".

לביא ליפשיץ

סמ"ר לביא ליפשיץ ז"ל, ממודיעין מכבים רעות, לוחם בסיירת גבעתי. נפל בקרב בצפון רצועת עזה בט"ז בחשוון תשפ"ד, 31.10.2023. הותיר אחריו הורים ושלושה אחים. בן עשרים בנופלו.

לביא כתב את המכתב שלו שישה חודשים לפני פרוץ המלחמה. באפריל 2023 הוא היה לקראת תקופה של תעסוקה מבצעית, וחשש שבקרוב יתפתח משהו גדול. לביא שמר את המכתב בתיקייה בשם "צה"ל" במחשב שלו, תחת הכותרת "למקרה שאני מת".

ב־10.10.23, כשיצא מנחל עוז לאחר שלושה ימי לחימה קשים, שלח הודעה לאחותו אנפה וכתב לה שאם יקרה לו משהו, ממתין למשפחה מכתב במחשב.

שלושה שבועות לאחר מכן לביא נפל בקרב בג'באליה. הוא היה הנופל הראשון של התמרון הקרקעי בעזה. באותו ערב המשפחה קראה את המכתב לראשונה.

כדאי שאשאיר הספד כלשהו על עצמי

לביא ליפשיץ

יכול להיות שמתחיל לבנון 3. חשבתי שיהיה כדאי להשאיר קצת הסברים.

למקרה שאני מת, כדאי שאשאיר הוראות הפעלה או הספד כלשהו על עצמי, הרי מה שווה לחיות אם לא אזכה להספיד אף אחד.

יכול להיות שמתחיל לבנון 3: לביא שירת כקמב"צ בפלגת העורב של סיירת גבעתי, והיה לוחם סקרן, בקיא בתוכניות ומודע לסיכונים. "באותה תקופה, על בסיס ההבנה האישית שלו, לביא חשש מאירוע משמעותי", מסביר ניצן אביו. "הוא כותב 'לבנון 3' כמטאפורה קיצונית למשהו גדול, שבו הוא עלול לאבד את חייו".

כדאי שאשאיר הוראות הפעלה: לביא כלל במכתב הנחיות מפורטות למשפחתו. המשפחה בחרה להשאיר את החלק הזה פרטי.

אינני מצטער על גיוסי לסיירת גבעתי ולפלגה ג׳ אשר נמצאתי בה. זה דבר אשר אני אסיר תודה עליו. היכולת לפגוש חברים כמו אלו שמצאתי בצבא היא יוצאת דופן. תודה למדינה אשר נתנה לי את ההזדמנות הזאת ותודה לחבריי שנתנו לי את הצ׳אנס לחיבור יוצא דופן.

[...]

אינני מצטער על גיוסי לסיירת גבעתי: לביא היה אומן, חובב קולנוע וצלם מחונן. לאחר שבועיים בצבא, לביא אמר לאביו ניצן: ״אבא, אני עוזב. רוצים להפוך אותי למכונת מלחמה, ואני לא כזה״.

אביו השיב לו, ״לביא, יום אחד אתה תלך להציל אנשים. מה שתעשה יהיה להציל אנשים״.

ב־7.10 לביא הוקפץ לעוטף ולחם בקרבות על קיבוץ נחל עוז. למחרת כתב לאביו: ״וואו, אתה צריך לראות את הפרצופים של האנשים כשמגיעים לחלץ אותם, זה בלתי ייאמן״.

כשיצא מנחל עוז, אחרי שחילץ עשרות, אמר לאימו שלומית: ״אמא, לישראלים יש מי שידאג, אבל מי ידאג לפועלים הזרים שלא יודעים מה נפל עליהם? נקרע לי הלב לראות את הפרות ברפת. מי יבוא לחלוב אותן?״.

ותודה לחבריי שנתנו לי את הצ׳אנס לחיבור יוצא דופן: במהלך שירותו לביא הפיק חוברת צילומים בשם ׳צוות׳ שבה תיעד את חבריו וכתב על הייחודיות של כל אחד מהם. בהקדמה לחוברת כתב:

״בימיי הראשונים בטירונות הרגשתי אאוטסיידר, לא שייך, דחוי, זרזיר בלהקה של עורבים.
נעזרתי מאוד במחשבות על תמונותיו של עדי-נס על המדבר האינסופי הסובב אותי, ובשאלה איך ומתי אחזור לצלם.
בתקופה זו הבנתי כי מחד גיסא, השוני מהקבוצה הוא מה ששמר על זהותי, אך מאידך גיסא, הוא מה שהרחיק אותי ממנה.
לאחר תקופה ושיח יום-יומי עם חברי המחלקה התברר כי אינני היחיד שאינו שייך לקבוצה, אלא קיימים שלושים וחמישה אינדיבידואלים שאינם שייכים לקבוצה, אך הם הקבוצה בו זמנית.
התבוננות זו גרמה לי להבין כי האחידות הכללית שכופה עלינו הצבא היא גם מה שמייחדת את אישיותנו.
הבנה זו גמלה בליבי החלטה – אני צריך להנציח את האינדיבידואליזם יוצר האחידות הזה.

לסיום, אני מבקש לא לשקוע באבל. הוא עשוי להיות יומיומי ומתיש, אך העשייה שיכולה לצמוח ממנו - אין היא מתישה - אלא בונה.
אין דבר שהקשה עלי יותר מהבטלה, לכן אני מבקש מכל הסובבים אותי - תעשו תמיד.

לביא ליפשיץ

בעקבות כך התחלתי בבניית תצלומים שינציחו את הייחוד של כל אחד מחבריי לצוות, אך בו זמנית יציגו את חלקם במארג הבלתי ניתן לפרימה.

לאחר כארבעה-עשר חודשי מסלול ועוד שישה חודשים של עיבוד חוויות, נולדה יצירתי".

אין דבר שהקשה עלי יותר מהבטלה: "לביא היה איש עשייה שמצא זמן להכול", מספרת אימו שלומית. "הוא ויתר על זמן שינה וחדר אוכל כדי לעשות דברים שחשובים לו: לצלם, לקרוא, ולעזור לאנשים". עד המלחמה לביא תחזק עמוד אינסטגרם מצליח בשם "עד מתי יומן תמונות – till_when_photo_diary", ובתיאור העמוד כתב: "אני לוחם מסכן ואמן מיוסר שמעלה כל יום תמונה שצולמה על ידי בצה"ל. עורב גבעתי, תהנו!".

לביא תכנן ללמוד אומנות בבצלאל או בניו יורק ולעסוק בצילום ובקולנוע באופן מקצועי. בשיחת טלפון עם אביו על המראות הקשים מהשבעה באוקטובר אמר לביא שאפילו טרנטינו, הבמאי האהוב עליו, לא יכול היה לכתוב תסריט כמו זה שראו עיניו.

מתן וינוגרדוב

סמ"ר מתן וינוגרדוב ז"ל, מירושלים, לוחם בגדוד 932, חטיבת הנח"ל. נפל בקרב בצפון רצועת עזה בח' באדר ב' תשפ"ד, 18.3.2024.
הותיר אחריו אם ואחות.
בן עשרים בנופלו.

מתן כתב את מכתבו האחרון ב־15.10.23, בימי ההכנות לכניסה הקרקעית לעזה, בפתק בטלפון. כעבור שבוע שלח לאחותו סטלה את הסיסמה לטלפון שלו וכתב: "מקווה שלא תצטרכי להשתמש בזה".

אחרי שנפל בקרב, פתחה משפחתו את המכשיר הנעול ומצאה את המכתב האחרון תחת הכותרת "צוואה".

יותר חזק מטנק

מתן וינוגרדוב

אם אתם קוראים את זה כנראה שאני או פצוע אנוש או מת.

סטלה ואמא וסבתא אני מבקש מכן לא לבכות, אם זה קרה זה אמור לקרות.
בסוף נהרגתי למען ביטחון של אזרחים ואני מקווה שחמאס אינו עוד קיים וחיזבאללה מבין את עוצמתה של ישראל ובנות בריתה, הכל משמיים ובשביל מטרה טובה בסוף, כי בסוף אחרי כל נפילה יש עלייה, והעם שלנו חווה מלא עליות וירידות.
שרדנו את מצרים, את גלות בבל, 2000 שנות גלות שאיתה היו אין ספור רדיפות אחרי יהודים, ובסוף גם השואה שגם המשפחה שלנו סבלה ממנה ונלחמה נגד הנאצים. היום אנחנו נלחמים נגד סוג שונה ויותר גרוע של נאצים, כאלה שעורפים ראשים לתינוקות. המחבלים האלה בני מוות והם צריכים להימחק מעל האדמה. אסור לחזור על הטעות שעשו ב־2004, כי יהודה ושומרון יהיו פי 10 או 20 או 10000 יותר גרוע.

אבל אנא עזבו את זה, יותר אכפת לי להגיד דברים אליכם

השואה שגם המשפחה שלנו סבלה ממנה: מתן היה בן למשפחת עולים מאוקראינה, וסבתו ילנה הייתה אחת הדמויות המשמעותיות בחייו. בילדותו היה מגיע אליה מדי יום אחרי הלימודים, מבשל לה ומבלה איתה שעות. ילנה הייתה תינוקת שעברה התעללות קשה על ידי הנאצים, שרדה, והקימה משפחה בישראל. מתן גדל על סיפוריה, וראה במלחמה שלו חלק מאותה מלחמה ארוכה והיסטורית.

שאני מקווה שיביאו לכם נחת, וכמה דברים שאני מבקש מכם.
הפק"ל שאיתו נלחמתי הוא מקל"ר, מקלע רימונים שיורה 60 רימונים בדקה. אפשר להגיד שזה יותר חזק מטנק, ולכן אני חושש שאני מטרת איכות של החמאס ושל הצלפים שלהם.
לא רק זה, המטרה שלנו היא לכבוש את כל עזה, מה שייקח מלא זמן ומשאבים.

טוב, עכשיו בנוגע לחלוקת דברים. מחשב לנועם או בכללי למשפחה שלו.

טלפון שיהיה לאוריאן.

כרגע יש לי [...] בחסכונות ובעובר ושב.

אני מבקש שלפחות 20% (כמספר הגיל שלי) ילך לצדקות למקומות שמצילים חיים, את השאר תשאירו לעצמכם ותחלקו שיהיה לכם כסף לשעת חירום.

הגה ומשקפי מציאות מדומה גם כן לנועם ואוריאן.

מטרת איכות של החמאס ושל הצלפים שלהם: מתן התנדב להיות מקל"ריסט ולסחוב את מקלע הרימונים הכבד והעוצמתי. הוא מפרט על האפקטיביות של המקל"ר שבידיו בתקווה להעניק נחת למשפחתו. מתן רוצה שהם ידעו שאם הוא מת זה סימן שהיה לוחם משמעותי, ובמילותיו: "מטרת איכות של החמאס".

מחשב לנועם: למתן היו שני אחיינים – נועם בן השבע ואוריאן בת הארבע. "מתן היה הדוד הכי טוב בעולם", מספרים הוריהם. "כשאנחנו עבדנו במשמרות, הוא זה שגידל אותם".

מתן היה גיימר מושבע. הוא ונעם חלקו עולם וירטואלי משותף במשחק מיינקראפט והיו משחקים בו יחד שעות ארוכות. מתן ביקש להעניק לנעם את ציוד הגיימינג המקצועי שלו כדי שיוכל להמשיך לשחק. נעם ממשיך לפתח גם היום את העולם שהם בנו יחד.

רהיטים קחו לכם.

חשבון סטים תביאו לגבריאל, יש לו את הטלפון של אמא. ואמא כבר שלחה פעם תמונה של סיסמא והכול.

מורשת: אני מאוד אשמח אם יקימו משהו לזכרי, שיעזור מאוד לאנשים ושיהיה לטווח ארוך, משהו כמו חינוך, תורמים לא חסר.

נ.ב. נכתב ב־15/10/23 אולי אני אעדכן כאן עוד אבל זה כרגע. בנוסף כשיהיה תמרון קרקעי אני ארשום ביומן שיביאו לנו סיכום של ימי לחימה שלי שם ומה המצב שתדעו מה היה איתי שם, זה יהיה בתוך תיק הלחימה שלי בכיס עליון כשפותחים את התיק בתא הגדול, כנראה שזה יהיה מסווג אבל תשמרו את זה.

מקווה שאני אכתוב את זה לשווא ולא תצטרכו
לקרוא את זה

חשבון סטים תביאו לגבריאל: סטים (Steam) היא פלטפורמת גיימינג פופולרית. את החשבון האישי שלו, ששווה סכום כסף גבוה, מתן ביקש למסור לגבריאל חברו הטוב שחלק איתו את האהבה לגיימינג.

אני מאוד אשמח אם יקימו משהו לזכרי: משפחתו של מתן נרתמה להגשים את צוואתו. הם חיפשו פרויקט שמשלב את בקשותיו ("צדקה למקומות שמצילים חיים"..."משהו כמו חינוך") והחליטו לגייס תרומות למרכז חינוכי במחלקת טיפול נמרץ במרכז שניידר לרפואת ילדים. משפחתו של מתן הציבה יעד גיוס של מאה וחמישים אלף שקלים. תוך שלושה ימים עברה את היעד. ברשת בתי הספר "שובו" שבה למד מתן הוקמה כיתה על שמו, שמנציחה את דמותו ואת אהבותיו הגדולות – חינוך וילדים.

שתדעו מה היה איתי שם: מתן ניהל בעזה יומן אישי שמתאר בפירוט, יום אחרי יום, את חוויותיו מהמלחמה. בימים אלה משפחתו מעבדת את היומן לספר.

ומשה כותב בדמע

הרבנית ימימה מזרחי

"תראי, ימימה!" אמרו לי השנה עשרות אימהות שכולות ואלמנות צעירות כשהן מראות לי מכתב אחרון מאהובן.

"תקראי", הן ביקשו, ומבטן אמר לי שיותר משהן מבקשות שאקרא אותו, הן מבקשות שאקרא בו – שאגלה להן בו משהו חדש שהן לא הצליחו להבין על אודותיו.

אני יודעת. שנים אני מנסה לפענח את השרבוטים שצייר בני הקטן, כשהיה חולה כל כך, על החומש שלי בזמן שהכנתי שיעור, אבל הוא כבר לא כאן כדי לספר לי למה התכוון בציוריו. בשרבוטים המסתוריים האלה השאיר לי הילד שלי חופש ענק לחבר לי את קורות חייו, את קורות מותו.

אני נזכרת בשרבוטים של בני כשאני ניצבת מול המילים האחרונות של חללי המלחמה. ואני מנסה, מנסה כל כך, לקרוא בהן מעבר לאותיות הפורחות, להריח את הגווילים הנשרפים, ו'לבשר' לאימא שמתגעגעת משהו מהעולם ההוא...

בכל פעם מחדש אני מגלה שכאשר לוחמים משאירים מילים אחרונות, הם מחברים כתב סתרים חדש, כתב סתרים שנסתר גם מעיניהם, מפני שהם כותבים על מציאות שלא חוו מעולם. מציאות שבה הם אינם.

מה הם רצו במכתב האחרון הזה?

הם תכננו שנהפוך במילים האלה שוב ושוב. הם דמיינו אותנו מדמיינים אותם כותבים. הם רצו שנבין שבזמן שכתבו על הרגע שכבר לא יהיו פה, הם חשבו רק על דבר אחד: עלינו.

על אימא שתחזיק במילים האלה כמו בצוואה, על אבא שיתגאה כל כך, על האהובה שנשארה, על העם שלחמו עבורו. הם רצו שכל אלה ידעו דבר אחד: הוא כנראה אהב אותי, האיש הזה.

במילים האחרונות שמשאירים לוחמים ולוחמות הם לא מבקשים להיות גיבורי מוות. הם מבקשים להיות גיבורי חיים.

בכתיבה על אפשרות מותם הם לא מתגרים במוות. הם מתריסים כלפיו, מוציאים לו לשון, מבקשים לבלבל אותו ולהרחיק אותו למקום אחר, כמו בתרגיל הסחה.

הלוחמים האלה הם האנשים היחידים בעולם שמשתוקקים שמה שכתבו בדם ליבם – לא ייקרא בסוף.

*

מילים אחרונות הן לא פחות מתורה שדורשת עיון ולימוד, וכך ממש נכתבו המילים האחרונות הראשונות בהיסטוריה שלנו: בתורה.

בקצה התורה, בסוף המדבר, מופיעים שמונה פסוקים אחרונים שנפתחים במילים: "וַיָּמָת שָׁם מֹשֶׁה עֶבֶד ה'".

חז"ל הופכים במילים האלה שוב ושוב ומנסים להבין איך משה רבנו שכתב את התורה כולה, משה איש האמת שתורתו אמת, כותב על עצמו מילים שאינן אמת: "וימות משה"? הרי מתים כבר לא כותבים! "אֶפְשָׁר מֹשֶׁה חַי וְכָתַב וַיָּמָת שָׁם מֹשֶׁה עֶבֶד ה'?!" שואלים חכמים בתלמוד, ומשיבים: "אֶלָּא, עַד כָּאן הַקָּבָּ"ה אוֹמֵר וּמֹשֶׁה כּוֹתֵב, מִכָּאן וְאֵילָךְ – הַקָּבָּ"ה אוֹמֵר וּמֹשֶׁה כּוֹתֵב בְּדֶמַע" (בבא בתרא טו, א).

את פסוקי מותו, אומרים חז"ל, משה כותב בבכי.

הריטב"א, הפרשן הנודע מהמאה ה־13, מוסיף פירוש מרגש משלו: "כּוֹתֵב בְּדֶמַע – שֶׁלֹּא כְּמוֹ כָּל הַתּוֹרָה שֶׁנִּכְתְּבָה בִּדְיוֹ, שְׁמוֹנָה פְּסוּקִים אַחֲרוֹנִים אֵלֶּה, כָּתַב מֹשֶׁה בְּדִמְעוֹתָיו מַמָּשׁ".

וואו. את כל התורה כולה כתב משה בדיו שחורה, אבל הריטב"א מספר שאת הפסוקים האחרונים משה כותב בדיו שקופה, דיו סתרים ושמה דמעות.

משה בכה. משה רבנו בכה מאוד. הוא בכה מפני שהוא כל כך אהב לחיות. בכל התורה כולה כתב משה – הלוחם האמיץ באמורי, בעמלק, בסיחון – על חשיבות ערך החיים. כל חייו הוא חלם על גאולת מצרים, על חירות, על חיי דרור בארץ המובטחת. ובדיוק בגלל זה, את המסר האחרון שלו הוא כותב בדמעות.

חז"ל מגלים לנו גם שמשה מבקש במילותיו האחרונות שלא ישכחו אותו. שיזכרו את קורבנו האדיר, את העובדה שעשה הכול כדי לראות את הניצחון, את החיים שיפרחו בארץ, ולא זכה. "אָמַר לָהֶם: זִכְרוּ מֹשֶׁה עַבְדְּכֶם שֶׁרָץ לִפְנֵיכֶם כְּסוּס אַרְבָּעִים שָׁנָה, וְנָפְלוּ עַצְמוֹתָיו בַּמִּדְבָּר".

זהו מסר אנושי בסיסי, לא מניפולטיבי אלא כמעט מתחנן: בבקשה, זכרו אותי!

כשתשבו איש תחת גפנו ותאנתו, כשיבואו ימים של שקט, זכרו שהיה לי חלק משמעותי בשלווה הזו, שרציתי כל כך שתזכו לאושר הזה, שרציתי לחוות אותו איתכם! זכרו שנתתי את כל חיי לחיי העם הזה.

*

המשורר נתן יונתן חיבר שיר מופלא על מילים אחרונות, מילות אהבה שייקראו בחושך.

הוא כתב את המילים האלה לפני מלחמת יום הכיפורים. רק למפרע, אחרי ששכל את בנו ליאור באותה המלחמה, גילה המשורר שגם הוא כתב בכתב סתרים ולא ידע.

וְאִם שִׁירִים אָהַבְתְּ,
רַק שֶׁכְּתוּבִים בָּאֶבֶן –
בֵּין הַכֵּפִים אָגוּר
וּבַסְּלָעִים אֶכְתֹּב.

וְאָז, כְּשֶׁנִּתְכַּסֶּה
עִם הַחוֹלוֹת בַּחֹשֶׁךְ
וְסֵפֶר הַדְּבָרִים
בַּחֹשֶׁךְ יִתְכַּסֶּה,
תַּגִּידִי לִי מִלִּים
יָפוֹת מִבְּכִי וָאֹשֶׁר;
הוּא כַּנִּרְאֶה אָהַב
אוֹתִי, הָאִישׁ הַזֶּה.

ואני רוצה להוסיף, בדמע, שורה נוספת למילות השיר המופלא הזה: "הוא כנראה אהב לחיות, האיש הזה".

יוסף גיטרץ

רס"ל (במיל') יוסף גיטרץ ז"ל, מתל אביב, לוחם שריון בגדוד 7029, חטיבה 179. נפל בקרב בדרום רצועת עזה בי"ג בטבת תשפ"ד, 25.12.23. הותיר אחריו הורים, ארבעה אחים ובת זוג. בן עשרים וחמש בנופלו.

כשיוסף התלבט אם לכתוב מכתב פרידה הוא התקשר לזאב אחיו הגדול. זאב, שלחם בעצמו במבצע חומת מגן, אמר לו שזו החלטה שאדם חייב לקבל בעצמו.
יוסף החליט לכתוב, וב־22.11.23 שלח את המכתב.
כדי לוודא שייקרא רק אחרי מותו, יוסף, שהיה מתכנת, הצפין אותו כך:
הוא כתב את המכתב בגוגל דוקס ואת הקישור למסמך חילק לשניים. חצי קישור שלח לבת זוגו מריה ואת החצי השני שלח לאחיו זאב. הוא הדריך אותם שרק אם יקרה לו משהו ישלחו את שני חצאי הקישור לאימו, שתחבר אותם לאחד ותוכל לקרוא את המכתב.

יוסף, שהיה עולה חדש, כתב את המכתב ברוסית. המכתב תורגם על ידי זאב אחיו.

מעולם לא פחדתי מהמוות

יוסף גיטרץ

אמא ואבא יקרים

אני אוהב אתכם מאוד. הכול כמו שצריך להיות. אני בחרתי בזה בעצמי.

חייתי חיים טובים ומעניינים. יחד עם זה, מעולם לא פחדתי מהמוות.

אם אין הבדל מנקודת המבט של הרגע הזה בין מאורע שקרה לפני דקה או לפני עשר שנים, כך גם לא יהיה הבדל עוד שבעים שנה בעניין מותי.

אנחנו חיים בארבעה ממדים, לכן כל מאורעות העתיד כבר קיימים, בדיוק כמו שמוסקבה קיימת בזמן שאנחנו בישראל.

אני אפילו תמיד קצת התפלאתי מהחשיבות שאנשים מייחסים למוות.

יכולתי לא ללכת לכאן ולהסתתר.

אבל זה היה נוגד את כל מה שאני מאמין ומעריך, ואת מי שאני מחשיב את עצמי.
לכן לא הייתה לי ברירה, והייתי עושה את אותו הדבר אם יכולתי לבחור מחדש.

יכולתי לא ללכת לכאן ולהסתתר: בשלוש הזדמנויות שונות במהלך שירותו, לפני המלחמה ובמהלכה, יוסף בחר בדרך הקשה. הוא נאבק שוב ושוב בפטורים שקיבל מסיבות בירוקרטיות ורפואיות והתעקש להצטרף למערכה כלוחם קרבי.

קיבלתי את ההחלטה הזאת בעצמי והלכתי איתה עד הסוף. נפלתי בכבוד למען עמי. אין לי חרטות.

אני מאוד אוהב אתכם וגאה שאתם ההורים שלי. נתתם לי המון. היו לי חיים מעניינים, עשירים, מאושרים, ייחודיים.

המוות שלי רק מדגיש זאת.

אני לגמרי מבסוט שחייתי עשרים וחמש שנה מיוחדות במקום לחיות שמונים שנה רגילות כמו כולם.

אני לא כמו כולם. אני חזק יותר. בזכותכם נהייתי כזה.

אתם בוודאות בכאב רב. אבל אתם תתגברו על זה. מאוד הייתי רוצה בזה. זה הדבר העיקרי שאני רוצה.

לשניכם יש הרבה אנשים קרובים שיתמכו בכם. בבקשה תמצאו בכל זה משהו חיובי. תהיו עם הנכדים.

תעברו לישראל. אני בסדר.

היו לי חיים מעניינים: במהלך המלחמה יוסף נתקל בבעיה לוגיסטית: איך מכניסים ספר קריאה עב כרס לתא הנהג הצפוף של הטנק, שכל מה שנכנס אליו מחושב ברמת הסנטימטר? כחובב קריאה יוסף לא היה מסוגל לוותר על הספרים שלו, ומצא פתרון יצירתי: הוא פירק את הספר לחלקים נפרדים ומצא לכל אחד מהם מקום בתא.

אני לא כמו כולם: "יוסף היה לוחם על, נהג הטנק המבצעי ביותר שהיה לנו", מספר עליו מפקדו יונתן בלנק. "בסוף כל נסיעה הוא היה שואל אותי מה הוא יכול לעשות טוב יותר ואיך יוכל לשפר את הנהיגה שלו".

בהלוויתו של יוסף סיפר עליו אחיו אסף: "הוא היה משגע אותי עם שאלות כל הזמן והתעניין בכל דבר. אני בטוח שאם היה כאן, הוא היה שואל אותי חמישים שאלות על הנ"ט שפגע בו".

אוריה יעקב

סמ"ר אוריה יעקב ז"ל, מאשקלון, לוחם בגדוד 614, בית הספר להנדסה קרבית. נפל בקרב בצפון רצועת עזה בכ"ט בכסלו תשפ"ד, 12.12.2023. הותיר אחריו הורים, ארבעה אחים ואחיות ובת זוג. בן עשרים בנופלו.

אוריה כתב את מכתבו האחרון בפתקים בטלפון בערב שבו נכנס לעזה, בתחילת התמרון הקרקעי.

הוא סיפר על המכתב לכמה חברים וגם למחנך שלו מכיתה י"ב, שאיתו הוא נשאר בקשר קרוב.

באזכרת השלושים של אוריה הגיע המחנך אל בית הוריו ומסר להם את המכתב האחרון של בנם.

איזה כיף, כולם באו לכבודי

אוריה יעקב

אמא אבא ממצב? איזה כיף כולם באו לכבודי,
תקשיבו אני מבקש מכם לא לבכות עלי יותר מדי
עשיתי מה שבאמת רציתי!
הלכתי מכוחכם להגן על המדינה שלנו ולפגוע באויב!
הייתי במקום בו הייתי רוצה להיות כל שירותי בצבא.
אני יודע שזה עצוב וקשה להיפרד
אך הלכתי בשביל העם שלי, ואתם המשפחה חלק מהעם
שלי, כמו שהעם לא נפרד גם אתם לא נפרדים ממני,
תמיד נישאר חלק מהעם הניצחי הזה.
היה ברור לי שאני הולך למקום מסוכן אך זה כלל לא
עניין אותי, בראשי מחשבה אחת! שלא תפול עוד שערה
מראשו של יהודי!

עשיתי מה שבאמת רציתי: כשאוריה היה בשטחי הכינוס לקראת הכניסה לעזה, אמו סיפרה לו בטלפון שבכל בוקר מאז השבעה באוקטובר היא מתפללת ומבקשת מאלוהים: רק שלא ייכנס לעזה.

"אמא, תפסיקי להתפלל על זה", הוא ביקש ממנה. "אני מתפלל הפוך. בכל בוקר כשאני מניח כאן תפילין אני מתפלל, הלוואי שאזכה להיכנס להילחם. אני רוצה להגן על המדינה".

ראיתם בלוויה שלי הגיעו מאות אנשים שאני לא מכיר, כולם באו להעריך ולכבד אתכם על מותי, כולם עם דגלי ישראל עמדו בראש מורם מול האויבים שלנו והשתתפו במסע הלוייה.

סבא וסבתא שעלו מכורדיסטן ותימן רק חלמו להיות חיילים בצבא יהודי במדינה יהודית

אני הגשמתי להם את החלום!

כמה סבלנו! כמה נפגענו והיום ברוך ה׳ חזרנו למדינתנו!

דם יהודי לא הפקר כמו שהוא היה בגלות, בפוגרומים בשואה הנוראה, בפרהוד בעירק נרצחו כמויות של יהודים ואף אחד לא ביקש את דמם, כנ״ל בתימן בתוניס ובעוד ארצות רבות.

מדינת ישראל וצבא הגנה לישראל שינה את המשוואה. אני גאה להיות חלק מהשינוי של המשוואה הזו.

אמא אבא אנא המשיכו את המורשת, חזקו את המשפחה, חזקו את העם המיוחד אליו אתם שייכים!

אני מבקש מכם שלא לשקוע הרבה בצער, אומרים שהצער הגדול של הנפטר הוא צער המשפחה, אני מבקש שתתחזקו.

בלוויה שלי הגיעו מאות אנשים שאני לא מכיר: בדיוק כפי שדמיין אוריה במכתבו, ישראלים רבים שלא הכירו אותו הגיעו לאשקלון עם דגלי ישראל ללוות אותו בדרכו האחרונה. ״הוא ביקש מאות״, אומר אביו, ״וקיבל אלפים״.

אני נמצא למעלה ליד כסא הכבוד הכי קרוב לריבונו של עולם יחד כל נשמות החיילים והנופלים מפיגועי האיבה, הנשמות יושבות ומתפללות לחזק את עם ישראל במלחמתו על ארצו על אחדותו על מדינתו.

"נצח ישראל לא ישקר ולא ינחם" וכמו יעקב אבינו שלא מת וזרעו בחיים אף אנחנו נזכה להמשיך את חיינו כעם על מדינתנו.

אוהב אתכם!

וכמו יעקב אבינו שלא מת וזרעו בחיים: בדיוק בזמן הלווייתו של אוריה התקיים באשקלון אירוע נוסף: ברית מילה. הוריו של התינוק לא הכירו את אוריה יעקב ולא שמעו על נפילתו. הם קראו לבנם, לגמרי במקרה, בשם: אוריה יעקב.

אחרי ששמעו על נפילתו של אוריה יעקב ז"ל, הגיעו הורי הפעוט אוריה יעקב לנחם את משפחתו וסיפרו להם את הסיפור. מאז הם נמצאים בקשר קרוב.

ניר חדד

רס"ל (במיל') ניר חדד ז"ל, מפתח תקווה, לוחם בגדוד שריון 129, חטיבה 8. נפצע באורח קשה בקרב בצפון רצועת עזה ב־15.6.2024 ונפטר מפצעיו בד' בתשרי תשפ"ה, 6.10.2024. הותיר אחריו אישה, שתי בנות, אם וחמישה אחים. בן עשרים ושמונה בנופלו.

ניר כתב את מכתבו האחרון ב־5.6.24, יום לפני הכניסה הראשונה שלו לעזה, בקבוצת ווטסאפ עם עצמו. הוא לא סיפר עליו לאיש.

כעבור עשרה ימים ניר נפצע קשה בקרב בצפון רצועת עזה. הוא היה מורדם ומונשם במשך ארבעה חודשים, במהלכם חזר להכרה לסירוגין ונאבק על חייו.
כשאשתו חן שאלה אותו בבית החולים אם כתב משהו, השיב שלא. "לדעתי הוא פשוט סירב להיפרד", אומרת חן. "גם במכתב עצמו, הוא כותב דברי פרידה ובאותה נשימה מדבר על העתיד שלנו יחד".

אחרי שמת מפצעיו, חן לא חיפשה מכתב. בשיטוט מקרי בטלפון של ניר, כמה ימים לפני אזכרת השלושים, חן גללה הודעות בקבוצת הווטסאפ שלו עם עצמו, שהייתה מיועדת לניהול העסק העצמאי שהקים.
"פתאום בין כל ההודעות הטכניות של העסק נתקלתי בהודעה אחת עם מלא לבבות וסמיילים. הרגשתי כאילו הוא כתב לי את זה ממש עכשיו, מהעולם הבא".
באזכרת השלושים של ניר הקריאה חן חלקים מהמכתב.

הולכים להיכנס בשערי חיים ומוות

ניר חדד

מכתב לאהוביי בצאתנו למלחמה.

אנחנו הולכים להיכנס לשערי חיים ומוות.

חיים שאנחנו רוצים לתת ולהביא לעולם, מוות שהאויב מייחל לו בכל ליבו.

חיים שאנחנו רוצים להוסיף ולחוש ולהרגיש.

מוות שהאויב רעב אליו כי זה מזונו.

אהובי ליבי-

חן אהובתי היקרה, היחידה והמיוחדת במינה.

זכיתי לפני כ-6 שנים להכיר אותך ומאז חיי השתנו.

גדלתי אבל גדלתי יחד איתך. השתניתי אבל יחד איתך. התבגרתי אבל יחד איתך.

בצאתנו למלחמה: ניר לא קיבל צו שמונה. כאבא לילדה עם צרכים רפואיים מורכבים, הוא היה פטור ממילואים.

"אומרים על לוחמים שהם לא חשבו פעמיים. ניר חשב אלף פעם", אומרת חן אשתו, "הוא ידע כמה אני והתאומות צריכות אותו, וגם העסק שחלם עליו לייעוץ פיננסי לזוגות צעירים בדיוק התחיל להתרומם".

אף על פי כן, ניר התנדב למילואים כנהג טנק. כשיצא לסבב המילואים השני שלו ונכנס לעזה, אמר לחן: "וואו, איך זה לא מתאים לי עכשיו, עם הבנות בבית והעסק והכול. אבל ראיתי את סרטון החטיפה של התצפיתניות. אני פשוט לא יכול להישאר בבית".

היית לי לעוגן, לבית, לחיבור וחיבוק עמוק שתמיד ידעתי שיש לי מקום. אני שמח על 6 השנים הללו- על כל רגע ורגע מהם... אוהב אותך ומאחל לנו לעוד שנים רבות רבות רבות ביחד- ויותר מ120 בבריאות ואהבת אין קץ. אני יודע שאת רואה בי כדמות להערכה מאד גדולה אבל חשוב לי שתדעי ושתזכרי כל הזמן - זה המון בזכותך ויותר מזה- את בעצמך דמות למופת. האדם שאת, האמא שאת, בת הזוג שאת, המורה שאת והאישה שאת בעולם.

הטוב והחום שאת מעבירה לעולם הוא נפלא ומחמם.

רוני- בונבון קטנה - ילדתי הבכורה (רק ב2 דק׳ אבל אין מה לעשות נגה...)

לומד ממך המון. נהנה איתך עוד יותר. לומד עלייך ועל עצמי ועל העולם בכל יום - המון בזכותך. כוח מהו, שמחה מהי ועוד כ״כ הרבה דברים שילדים כמוכן יכולים ללמד אותנו- המבוגרים.

תודה על כל רגע ורגע איתך וכולי תקווה לעוד המון רגעים כאלו - לשנים ארוכות, בריאות וטובות ביחד.

אוהב אותך בכל ליבי.

עוגיות, נגה יפהפייה -

אהבתי אלייך היא אין קץ.

את ילדה חכמה, נבונה עם עומק רגשי יוצא דופן. עוד בהיותך ילדה כ"כ קטנה הרגשנו את זה לא פעם.

רגישות, שימת לב ואהבה מייצגים אותך.

הלוואי ויהיו לי עוד שנים ארוכות איתך, ללמוד אותך, להכיר אותך ולהתקרב יותר ויותר.

אוהב המון המון.

אימוש.

שנים ארוכות עברת לבד במובן מסוים וגידלת משפחה לתפארת. תמיד אמרנו את זה כסיסמא אבל אני מאמין בזה בכל ליבי.

6 ילדים, כל אחד מאתגר יותר מהשני (חוץ מהשלישי - הוא היה קליל...).

קיבלתי ממך המון והמון ממה שאני היום זה בזכות ההכוונה שלך, החינוך שלך, הטוב שהעברת לנו בבית, החיובי, האופטימי גם בסיטואציות בלתי אפשריות.

תמיד ידעת להמשיך, להיות שם בשבילנו ואני מקווה שגם ידעת לשים לב לעצמך. אני מקווה.

הלוואי ואת שמחה בנו, רואה בנו ערך, רואה בנו הצלחה במעשייך ובחייך.

לשנים רבות וארוכות ומלאות בטוב.

עוגיות: נגה ורוני הן תאומות בנות ארבע. ניר המציא לנגה את הכינוי 'עוגיות' מגלגול של השם שלה – מנגה לנוגי, ואז לעוגי, ומשם לעוגיות.

שנים ארוכות עברת לבד: כשניר היה בן שבע אביו נפטר. ניר העריץ כל חייו את אימו צביה על אישיותה, על הבחירה שלה בחיים ועל שגידלה לבדה שישה ילדים, ביניהם ילדה בעלת צרכים מיוחדים.

אחיי היקרים -

יניב, שמריתה, אברום, אלעד וצוף.

חמישה אחים שכל אחד מיוחד יותר מהשני.

יניב - אומנם מעט רחוקים אבל בכל שלב הערכה עצומה אליך ולמידה גדולה ממך. תודה.

שמריתה - אוהב אותך המון המון המון, הדודה האהובה של רוני ונגה, כולך לב ואהבה גדולה - שיהיה לך רק טוב.

אברום - תמשיך את הטוב שאתה מביא לעולם.

כאדם, כעובד, כחבר בעבודה, כבנזוג, כאבא וכאדם בעולם. הטוב שלך מורגש ומשמח את הלב.

ותחושת האחריות שלך... כמה יש ללמוד ממנה.

אלעד - אח אהוב.

4 וחצי שנים מעליי - תמיד הרגשתי ככה גם...

קרוב מאד גילאית אבל גם קרוב רגשית. הלב שלך רחב, מלא בדאגה ואהבה.

הדוד האהוב לרוני ונגה - זכית בזה בצדק.

צופצוף - את עוד צעירה וחיים ארוכים עוד לפנייך - תעשי בחירות נכונות, תשמחי בחיים, תשמחי אחרים, תעשי טוב ותזכי לחיים מאושרים וטובים.

מקווה שהייתי אח גדול לכל הפחות נחמד...יודע שלא הייתי האידיאלי, בטח בשנות הנעורים שלנו...אבל רציתי להיות טוב.

גיסותיי - רחלי ואלישבע.

אוהב המון, תמשיכו בפועלכם למען משפחה משותפת, מאוחדת, גדולה ומיוחדת. אוהב המון ומעריך על כל צעד.

לעולם - תעשו טוב, תרבו בטוב.

להרבות באהבה גדולה, בחיוביות, בשלמות, בעבודה קשה, בהספקים, באתגרים, תאתגרו את עצמכם, קחו משימות, תמצאו במה אתם טובים ותנו לעולם ממנו - העולם צריך להתקדם עוד הרבה...

אבל לא לשכוח -

יש רוע בעולם. יש רע צרוף שיש לנו המחויבות למגר ולהשמיד אותו.

על זה אנחנו יוצאים היום למלחמה - למגר רוע צרוף, מלוכלך, רע, שונא ותאב דם. רוע כזה שתוקף את היהודים בכל דור ודור לאורך אלפי שנים וקיים גם בעולם בכלל.

העם היהודי אף פעם לא נעלם ויש לו הכוחות לחיות מחדש כעוף החול. בכל פעם חזק יותר ויפה יותר.

שנדע ימים יפים יותר

ולואי וכל הדבר הזה לא יתפרסם לעולם...

העם היהודי אף פעם לא נעלם: "השפה הזאת של הפאתוס? זה לא מתאים לו", אומרת אשתו חן. "חינכו אותנו בסניף על אנשים כמו רועי קליין, אבל ניר לא היה כזה דרמטי. הוא חי ככה, אבל לא היה מדבר ככה. אני מתה לפגוש אותו לדקה ולשאול אותו מה הוא הרגיש ברגע ההוא שבו כתב את המכתב".

להסתכל לפחד בעיניים

אבי ישכרוף | עיתונאי ותסריטאי

לפני כמה שנים, בעת מעבר דירה, מצאתי פתאום צרור מכתבים ישן עטוף בדף צהוב שעליו נכתב:

"לט', למקרה שיקרה".

אלה היו מכתבים שכתבתי לחברה לשעבר כמה חודשים לאחר הפרידה בינינו, כשאני עמוק בתוך שירות מבצעי כמסתערב ביחידת דובדבן, עם לא מעט היתקלויות וסכנות מכל עבר.

את המכתבים התחלתי לכתוב בעקבות פציעה שעברתי בהיתקלות עם חוליית חמאס בחברון, שבמובן מסוים הכניסה בי "פחד מוות".

הפציעה שלי הייתה קלה, אבל בדקות שלאחר הפציעה, כשמצבי עדיין לא היה ברור וההכרה שלי החלה להיטשטש, עברו בי שלל מחשבות. על החברה לשעבר ועל ההורים, על האחיות והחברים. ומחשבה אחת מזוקקת הצליחה להטריד אותי ואולי להשאיר אותי ער: איך למען השם לא הכנתי להם מילות פרידה. איך לא אצליח בעצם לספר להם, לה, לכולם, את מה שרציתי לומר ולא הספקתי.

לוחמים מתאמנים במשך חודשים על חודשים לקראת הקרב, מתכוננים ללחימה. אבל שום דבר לא מכין אותם באמת לרגעים של הפחד שמגיעים, מחלחלים אל תת ההכרה, אל הלא מודע.

אצל חלקם זו 'סתם' תחושה של אדרנלין. אצל אחרים זו כבר תחושה של פחד אמיתי. פחד מהמוות, מהלא נודע, מהפרידה מכל האנשים שאהבת כל כך.

התחושה הזו הפכה להיות רווחת יותר במהלך שבעה באוקטובר 2023, והיא ממשיכה להיות נוכחת מאז, לא מרפה. בלבנון, בעזה, בסוריה, ביהודה ושומרון, הדור החדש של הלוחמים התגלה

כאריות, כגיבורי על. אלא שגיבורי על אמיתיים, כאלה מהחיים, חווים את הפחד, ויודעים להמשיך לתפקד, לפעול, להסתער, אף על פי שהוא נמצא שם כל הזמן. המציאות הביטחונית החדשה במזרח התיכון כפתה על אותם לוחמים סיטואציות שבהן הם יודעים שיש סיכוי לא מבוטל שייפצעו או חלילה ייהרגו. ועם המציאות ההזויה הזו, עם החיים החדשים של החיילים האלה מודל 2023–2024, הם נאלצים להתמודד.

וכן, אני יכול רק לדמיין שכמעט לכל אחד מהם כמעט יש צורך של ממש להשאיר משהו לעולם. לומר משהו שמעולם לא אמרת. או משהו שכבר אמרת, אבל חשוב לך לומר שוב. גם בפעם המאה, אולי אפילו האלף, אתה רוצה שהחברה, בת הזוג, האישה (או בן הזוג והבעל) ידעו עד כמה אהבת אותם, עד כמה היית נותן הכול כדי לחוות איתם עוד רגע של אושר, עוד שנייה מזוקקת של אהבה. אתה רוצה אולי לבקש סליחה מאנשים שפגעת בהם, או לשלוח אות חיים לכאלה שאתה מתגעגע אליהם וכבר לא תוכל לראות שוב.

זו אינה עוד צוואה, כמו שעושים בגיל מבוגר כדי שיישאר משהו לילדים. עבור חלק מכותבי הצוואות היה חשוב להותיר מסר, בעיקר כזה של אופטימיות, של שמחה. היה להם חשוב שהמשפחות שלהם, שהאהובות שלהם, לא יוותרו על החיים בגלל מותם, לא יוותרו על האור וישקעו לתוך האפלה.

ויש גם אלה שביקשו להעביר מסר גלובלי יותר ואפילו פוליטי. על האפשרות שייפלו בשבי ועל הרצון שלהם בחברה טובה יותר, כזו שיודעת להתייחס בכבוד גם אל החלש ולשמוע את אלה שאין להם קול. או כפי שכתב בצוואתו שחר פרידמן ז"ל, שכל כך אהבתי, "שימו לב לאנשים הקטנים שנופלים לנו בזווית של העין, תעריכו את הדברים הקטנים שיש לעולם להציע, בעיקר טבע ומוזיקה". אלה אינן מילים של בחור צעיר, ילד, בן 21, למרות שזה היה גילו של שחר כשנהרג. אלה דברים של

אדם עם תפיסת עולם בוגרת, מוצקה, מלאה. וזו הייתה צוואתו הציבורית כי היו לו גם מילים אחרות לכתוב, מילים אישיות לנגה אהובתו, מילים שהוא לא רצה שיהיו אחרונות אך הפכו לכאלה כשנהרג.

ויש לא מעט צוואות שמבקשות סליחה. לא על מעשים נקודתיים, אלא על עצם ההחלטה של אותם גיבורי על להפוך להיות לוחמים. לסכן את חייהם במודע, תוך הבנה שקיימת אפשרות סבירה שהסובבים אותם, ההורים והמשפחות, ישלמו את המחיר היקר ביותר שיש. הם מבקשים סליחה על כך שלא חזרו ושלא יהיו שם מעתה לצידם, כי החליטו להגן על המולדת ולהקריב את חייהם עבור עם ישראל.

אך לא אתם אלה שצריכים לבקש סליחה מאיתנו. אנחנו, 'המבוגרים', צריכים לבקש סליחה מכם, מהדור הזה.

סליחה על שחשבנו שאתם קצת מפונקים, פחות ערכיים מהדורות הקודמים. סליחה שכינינו לפעמים בשם "דור הטיקטוק" את הדור הזה, שמעשיו הוכיחו שהוא לא נופל מדור לוחמי תש"ח.

אז לפחות בשמי, אבי, ואולי בשמם של עוד רבים אחרים – אני רוצה לבקש פה סליחה מכם, הנופלים, אלה שכתבו צוואות ואלה שלא. סליחה שלא ראינו את מי שאתם באמת. שלא ידענו ממה אתם עשויים, עד הרגע שבו עמדתם למבחן והותרתם אותנו חסרי מילים. סליחה, ואמן שנדע להיות ראויים לקורבן שהקרבתם.

עדי ליאון

סמ"ר עדי ליאון ז"ל, מניל"י, לוחם בגדוד צבר, חטיבת גבעתי. נפל בקרב באסון הנמ"ר בצפון רצועת עזה בט"ז בחשוון תשפ"ד, 31.10.2023. הותיר אחריו הורים ושתי אחיות. בן עשרים בנופלו.

עדי כתב את מכתבו האחרון במחברת לקראת הכניסה הראשונה לעזה, ככל הנראה ב־20.10.23.
על כריכתה כתב:

"לקרוא לאחר מותי

עדי ליאון

צבר, גבעתי, רובאית, חוד".

לפני הכניסה לעזה עדי הפקיד את המחברת בידי רז הסרס"פ ואמר לו: "אני מקווה לחזור ולקרוע אותה, אבל אם חס וחלילה יקרה לי משהו - תמסור אותה להוריי".

שבוע אחר כך עדי נהרג והסרס"פ העביר למשפחתו את המחברת.

עדי היה חלק מצוות של שנים־עשר לוחמים שאחד־עשר מהם נהרגו יחד במה שנודע כ'אסון הנמ"ר'. טיל נ"ט שפגע בנמ"ר בו שהו גרם לפיצוץ עז וכל יושבי הנגמ"ש מלבד הנהג נהרגו.
לצד המכתב של עדי, מובאים בספר גם מכתביהם של חבריו שנהרגו יחד איתו: איתי יהודה, רועי דאוי, ארז מישלובסקי, שי ארווס ועדי דנן.

מקווה שתזכרו אותי

עדי ליאון

לא האמנתי שאני אצטרך לכתוב דבר כזה בחיים, ניסיתי לדחות ולדחות אבל הודיעו לנו שמחר נכנסים לעזה ויש מצב שלא נחזור... ויש לי כמה דברים שאני חייב שתדעו לפני שזה נגמר.

אימא ואבא היקרים, למרות שאני לא מראה לכם הרבה אהבה ולא מקדיש לכם הרבה זמן, תדעו שאני מעריך אתכם כל כך. גם כשהייתה לי תקופה קשה, לא הפסקתם לנסות להתקרב ולעזור. אפילו שדיברתי אליכם בזלזול וויתרתי על הכל אתם לא וויתרתם עלי.

תמיד דאגתם שיהיה לנו הכול ולא יחסר כלום. ואתם עובדים קשה מאוד בשביל זה.

חינכתם אותנו בצורה מדהימה והתחלתי לראות את זה בעיקר כשזוהר התבגרה.

בתקופה האחרונה לא הייתי כמעט בבית, וגם כשהייתי לא באמת הייתי. אני כל כך מצטער על זה שלא הקדשתי יותר זמן למשפחה ורק חיפשתי לבלות, בסופו של דבר המשפחה זה הכל, ואתם תמיד קיבלתם אותי כמו שאני.

אתם כל עולמי ♡

זוהר, אחותי המדהימה ♡

אני כותב את זה ונזכר בכל הרגעים שלנו יחד בילדות, איך היינו נהנים ולא מפסיקים לחפש תעסוקה, מלקום בבוקר לפני ההורים ולהכין להם ארוחת בוקר ועד לצלם ביחד סרטונים מצחיקים ולחשוב שאנחנו מפורסמים. איך היינו משגעים את אורי בלי סוף ולא מפסיקים להתפקע מצחוק עד שהבטן כואבת.

עכשיו כבר התבגרנו וכל אחד עסוק בשלו, את בחדר ואני במסיבות. אני כל כך מתגעגע לילדות איתך.

עכשיו את האחות הבכורה, זאת משימה קשה אבל אני בטוח שתעמדי בה, כי כזאת את. אחראית, חכמה, דואגת, יש שיגידו "האחות המוצלחת".

אני כל כך אוהב אותך וחשוב לי שתזכרי את זה, חבל שאני לא אוכל לומר לך את זה פנים אל פנים ♡

אוריקי אחותי הקטנה, אני לא חושב שאלוהים יכול לברוא דבר חמוד ומושלם כמוך, אני כותב את זה אחרי שבועיים שלא ראיתי אותך וזה מרגיש כמו נצח, הלוואי ויכולתי לחבק אותך פעם אחת אחרונה.

את רק בת 10 ועדיין כל כך תמימה. אני תמיד נהנה לראות אותך מתלהבת ומתרגשת ומגלה דברים חדשים. זה מזכיר לי אותי. אני אפילו מקנא בך לפעמים.

אני לא יודע איך ילדה בגילך אמורה לקרוא דבר כזה ואיך תקבלי את זה, אבל תזכרי תמיד שאני אוהב אותך ומתגעגע.

ואם תרצי את יכולה לדבר איתי במחשבות

אני אקשיב לך גם מלמעלה ♡

ציור החתול: בסוף הפיסקה שפונה לאורי עדי צייר חתול.

"אנחנו בית של חתולים, יש לנו ארבעה בבית", מסבירה נורית אימו. "עדי ידע כמה אורי אוהבת חתולים ורצה לשמח אותה".

כמו שהציע לה, אורי ממשיכה לדבר איתו במחשבות. היא מספרת שהוא שולח לה סימנים.

אני לא יכול לכתוב לכולם כי באמת יצא לי להכיר המון אנשים במהלך חיי, אבל בכל זאת חשוב לי לומר לכם תודה על כל הרגעים והחוויות שנתתם לי.

משפחת ליאון ומשפחת פרלברג, תמיד הרגשתי בנוח איתכם, האווירה הביתית והחמה, הנתינה, ההומור. תמיד הייתה לי תחושה שיש בי קצת מכל אחד ואחת מכם.

תודה לכם על הכל באמת אני אוהב אתכם ומצטער על כל ארוחה משפחתית או אירוע שלא הגעתי, כי אני יודע שפיספסתי חוויות ואנשים מדהימים.

לחברים ולחברות הטובים, באמת שיש לנו כל כך הרבה חוויות יחד שאני לא יכול בכלל להתחיל לפרט.

תודה שתמיד הייתם שם בשבילי ובניתם לי ילדות מדהימה, מקווה שתחגגו כמו שתכננו שנעשה כשאני אחזור ושתספרו לילדים שלכם על כל הרגעים והחוויות שאני הייתי שותף להם, מתגעגע ♡

מקווה שתחגגו כמו שתכננו שנעשה כשאני אחזור: עדי אהב מסיבות ויצר מוזיקה אלקטרונית.

אימו נורית הבטיחה לו: "כשהמלחמה תיגמר וכל החבר'ה יחזרו הביתה אסגור את הרחוב מול הבית שלנו ואערוך לכם משתה כיד המלך, מסיבת רחוב כמו של פעם". אחרי שעדי נהרג הוריו החליטו לקיים את הבטחתה של אימו. חברים מכל רחבי הארץ הגיעו למסיבה ענקית שהתקיימה ביום ההולדת ה-21 של עדי. בכניסה אליה נתלה שלט עם הציטוט: "מקווה שתחגגו כמו שתכננו שנעשה כשאני אחזור".

אני יוצא למלחמה הזאת בידיעה שאני לא בטוח חוזר,
אבל אני מאמין בלב שלם במה שאני עושה.

אין לנו ארץ אחרת ועכשיו תורי להגן עליה ולנקום את
נקמתם של כל האזרחים והחיילים, התינוקות, הזקנים וכל
הנשים שהיו פשוט חסרי עונים מול התופת של החמאס.

זה החינוך שנתנו לי הוריי

בזה אני מאמין, מקווה שתזכרו אותי

עדי ♡ ✡

אין לנו ארץ אחרת ועכשיו תורי להגן עליה: כשעדי יצא מכפר עזה ב־11.10.23 באמצע הלילה, אחרי כמה ימי קרב רצופים, הוא התקשר להוריו ואמר: "ראיתי מראות שאף אדם בעולם לא אמור לראות".

לפני שהוריו יצאו לפגוש אותו בעוטף הם שאלו אותו מה הוא צריך. עדי ענה: "תשיגו לי סכין קומנדו".

לאימו המופתעת לא היה מושג איך משיגים סכין כזו באמצע הלילה. האדם היחיד שהייתה יכולה לחשוב עליו שיחזיק סכין קומנדו היה אבא שלה, שנפטר שנה לפני שעדי נהרג. הוא היה ניצול שואה ונהג לומר: "אנחנו יודעים מה קורה לנו כשאין לנו צבא". ואכן, אימו מצאה סכין קומנדו באחד התאים ברכב של אביה, ומסרה אותו לעדי.

עדי שיפצר אותו לווסט, ונשא עליו את הסכין של סבו במשך כל הלחימה בעזה.

חסרי עונים: בכל מכתב הפרידה הארוך של עדי אין שגיאת כתיב אחת. "חסרי עונים" זו הטעות היחידה שלו. "לעדי לא היו שגיאות כתיב אף פעם", מספרת אימו. "בשבעה באוקטובר, בזוועות שהוא ראה בעוטף, הוא ראה אנשים שהיו לא רק חסרי אונים אלא לגמרי חסרי מענה, חסרי עונים".

מקווה שתזכרו אותי: נשיא המדינה יצחק הרצוג הקריא על בימת הכנסת את שורות הסיום מהמכתב של עדי ואמר:

"בשמי ובשם כל אזרחי מדינת ישראל, אני מבטיח לעדי שלעולם לא נשכח".

המכתב של עדי הולחן, תורגם לחמש שפות ועובד לערכת ערכים חינוכית בשם 'האורות של עדי' שנלמדת בבתי ספר בארץ ובקהילות יהודיות בעולם. הורים שלא הכירו את עדי קראו לילדיהם על שמו.

"בחור צנוע, שביקש בקשה צנועה", אומרת אימו. "הוא רק אמר – מקווה שתזכרו אותי. והמוני אנשים נענו לו".

איתי יהודה

סמ"ר איתי יהודה ז"ל, מראשון לציון, לוחם בגדוד צבר, חטיבת גבעתי. נפל בקרב באסון הנמ"ר בצפון רצועת עזה בט"ז בחשוון תשפ"ד, 31.10.2023.
הותיר אחריו הורים ושני אחים.
בן עשרים ואחת בנופלו.

איתי כתב את המכתב האחרון בפנקס כיס ב־27.10.23, דקות ספורות לפני הכניסה הקרקעית לעזה.

לאחר ארבעה ימים איתי נהרג באסון הנמ"ר. המכתב שנשא איתו שרד, ונמצא חרוך ומפויח.

המשפחה הצליחה לפענח את רוב המילים, אך חלק מהטקסט נשרף כליל. החלקים המחוקים מסומנים בסוגריים.

בזכותכם צחקתי בלי סוף

איתי יהודה

יום שישי, 18:41. מאיפה אתחיל?

מי חשב שאצטרך לרשום מכתב פרידה. להוריי, אני רוצה להגיד לכם תודה שגידלתם אותי וחינכתם אותי להיות מי שאני ולאיפה שאני הגעתי. אני כל כך מעריך אתכם גם אם לפעמים זה לא היה נראה [...]

עומר ועדי [...] הכי טובים [...]

לחברים ולאנשים שהכרתי בחיי: תודה לכל הרגעים שהיו לי איתכם, על כל היציאות והצחוקים. בזכותכם צחקתי בלי סוף. אוהב אתכם בטירוף. חוץ מזה, חשוב לי לומר שאני לא מתחרט לרגע שהתגייסתי לקרבי וזה הדבר הכי טוב שעברתי בחיי. אם אתם קוראים את המכתב הזה סימן שסיימתי את [...] בשביל להגן [...]

ולאיפה שאני הגעתי: איתי למד במגמת אומנות בתיכון והתגלה כצייר מחונן. הוא חלם לפתוח סטודיו וניצל את היציאות הקצרות שלו מהצבא כדי ללכת לקורס ציור ולפתח את כישוריו. זמן קצר לפני שנפל באסון הנמ"ר איתי צייר ציור ענק של נמר יפהפה. אחרי מותו, יצירותיו הוצגו בתערוכות שונות ובבניין העירייה בעירו.

בזכותכם צחקתי בלי סוף: איתי צחק עד הסוף. נהג הנמ"ר, הניצול היחיד מהתקרית שבה נהרגו איתי ועשרת חבריו, היה עד לדקות האחרונות של החבורה. הוא סיפר שבנסיעה האחרונה שלהם איתי הדביק את כל יושבי הנמ"ר בצחוק המתגלגל והכובש שלו. החבורה כולה צחקה מהבדיחות של איתי עד הרגע האחרון, רגע פגיעת הנ"ט.

רועי דאוי

סמ"ר רועי דאוי ז"ל, מירושלים, מפקד כיתה בגדוד צבר, חטיבת גבעתי. נפל בקרב באסון הנמ"ר בצפון רצועת עזה בט"ז בחשוון תשפ"ד, 31.10.2023.
הותיר אחריו הורים, אחות, אח ובת זוג. בן עשרים בנופלו.

בשבעה באוקטובר רועי זינק לעוטף וניהל קרבות קשים בכפר עזה במשך שלושה ימים רצופים.
ב־9.10.23 כתב את המכתב האחרון בקבוצת הווטסאפ עם עצמו.

הוא סיפר על קיומו של המכתב לחבר טוב ולניצן בת הזוג שלו.

בהקלטה ששלח לניצן רגע לפני הכניסה לעזה, אמר לה:

"אני לא הולך לשום מקום, באמת, אני לא רוצה שתחשבי ככה שאני הולך למות. זו לא חשיבה נכונה! אני הולך להיכנס, להרוג מחבלים ולחזור. זה לא צריך להיות השיח בינינו, שזו השיחה האחרונה".

כעבור שבועיים רועי נהרג באסון הנמ"ר. זו הייתה שיחתם האחרונה.

אם למות אז רק ככה

רועי דאוי

אמא, אבא, ניצני, עדן ותומר, אני אוהב אתכם.
הייתם הכי טובים שיש, אם למות אז רק ככה.

מקווה ששיטחנו את עזה לפני שזה מגיע אליכם.

אני לא מתחרט על כלום, היה לי את השירות הכי טוב שאפשר לבקש עם הסוף הכי מתוק שיש.

יש לי לוחמים אריות, זכות לפקד עליהם, דרכו של ליאל איתנו גם פה, החיוך עולה בכל רגע אפשרי. לראות את כל מי שנמצא פה זו ארץ ישראל שלמענה אני עושה את זה.

אם למות אז רק ככה: "בשתי ההשבעות של רועי – כחייל וכמפקד – כשהוא צעק את המילים 'ואף להקריב את חיי' הוא הסתכל עליי", מספרת בטי אימו. "הוא ראה שאני מתכווצת, מחסירה פעימה. מעולם לא דיברנו על הרגע הזה, אנחנו לא בית שמדברים בו על המוות. לא חשבנו שרועי יידרש להיבחן על השבועה שלו. אבל כשקראתי את המילים האלה, 'אם למות אז רק ככה', הרגשתי שהוא עונה לי בפעם הראשונה על השאלה שמעולם לא העזתי לשאול".

דרכו של ליאל איתנו גם פה, החיוך עולה בכל רגע אפשרי: 'ליאל' שאליו מתייחס פה רועי בשמו הפרטי, כאילו היה חברו הקרוב, הוא אדם שרועי מעולם לא פגש. כל מי שהכיר את רועי ידע מייד שהוא מתכוון לליאל גדעוני ז"ל, לוחם בחטיבת גבעתי שנפל בעזה במבצע צוק איתן.

רועי היה בן שתים-עשרה כשליאל גדעוני נהרג. הוא למד עליו ודבק בדמותו, ולימים גם התגייס בעקבותיו לגבעתי. שניהם גדלו באותה שכונה ירושלמית, שניהם למדו באותו בית ספר ושניהם היו אוהדי הפועל ירושלים. שניהם נפלו בעזה כשהיו בני עשרים ואחת.

מאז גיל שתים-עשרה ועד יום מותו, שורת התיאור (ביו) של רועי באינסטגרם הייתה: "'חייכו כי חיוך זה שמחה ושמחה זה הכח להמשיך הלאה' (סמ"ר ליאל גדעוני ז"ל)".

כל מי שנמצא פה: רועי כתב את המכתב לאחר שלושה ימי לחימה קשים בכפר עזה. "כל מי שנמצא פה" באותה שעה היו החברים שלצידם לחם ותושבי הקיבוץ שהצליח להציל.

שימשיכו לסרב למילואים, בינתיים אנחנו ניכנס לעזה.

ניצני אהובה שלי, את המלאך הקטן שלי. תודה על הזמן איתך ועל כל מה שלימדת אותי, את אלופה, תאמיני בעצמך. תהיי חזקה בשבילי. את תהיי הצורפת הכי טובה בעולם.

לחברים שלי - תודה על מי שאתם. אני מי שאני בזכותכם.

אמא ואבא, שלא רוצים לשגע אותי אז הם לא מתקשרים, הייתם כל מה שיכולתי לאחל לעצמי ויותר. תבטיחו לי דבר אחד, שאמא תמשיך ללכת למשחקים של הפועל, אבל איתך הפעם!

עדן ותומר אהובים שלי, לא קיימים הרבה קשרים כמו שלנו. הייתם לי מקום בטוח להכל, דוגמא ומופת לאחים גדולים,

תעשו לעולם כיף ספר ורק תתחזקו מהכל.

רועי

לשבעה של רועי הגיעה תושבת כפר עזה שהמשפחה לא הכירה. היא סיפרה שזיהתה את תמונתו של רועי בחדשות אחרי שנהרג. אלה היו הפנים שראתה בשבעה באוקטובר, כשרועי חילץ אותה ואת ילדיה מהממ"ד.

את תהיי הצורפת הכי טובה בעולם: מאז שרועי הכיר את ניצן החלום שלה היה להיות צורפת, והוא תמיד דחף אותה להאמין בפוטנציאל שלה ולהפוך את האהבה למקצוע.

ב־4.10.23, שלושה ימים לפני פרוץ המלחמה, לקח אותה לסיבוב בין חנויות לאביזרי צורפות כדי לעודד אותה להתחיל.

המכתב של רועי פורסם אחרי נפילתו, ובעקבותיו כמה בתי ספר לאומנות הזמינו את ניצן לקורס צורפות מקצועי. כיום היא לומדת באחד מהם וחולמת על העסק שתקים.

בין חושך לאור

אבישג שאר־ישוב | צלמת

החושך כבר ירד וסימן לי שהגיע הזמן להתקרב אל סיומו של עוד יום ארוך של תיעוד המלחמה. הגוף שלי כבר שחוק ועייף. שבועות ארוכים שאני על הרגליים במשך שעות, מסתובבת מבוקר עד ערב עם ציוד מלא הכולל בין היתר שכפ"ץ קרמי כבד, שתי מצלמות, חמש עדשות וערכת עזרה ראשונה. הקור של סוף דצמבר מאיים להקפיא את הציוד שלי יחד איתי, וכל מה שאני מסוגלת לחשוב עליו זה על ההקלה שאחוש ברגע שאשיל מעליי את כל הציוד הכבד ואכנס אל הרכב.

בנסיעה על כביש 232, הכביש היפיפה של העוטף שהפך לכביש המפחיד ביותר אחרי השבת השחורה, אני מבחינה באורות רחוקים שנראים לי כמו סימן להימצאות של שטח כינוס. אני מותשת, אבל הנה עוד הזדמנות לצלם חיילים, אולי כאלה שתיכף נכנסים. זו תקופה היסטורית, ולמרות העייפות אני לא יכולה להרשות לעצמי לפספס אף תמונה.

נסעתי בעקבות האורות, אבל ככל שהתקרבתי גיליתי שרק הכוכבים מאירים כאן את השמיים. החושך לא מאפשר לי לראות הרבה. ובכל זאת, אולי תהיה פה תמונה. אולי אצליח לתפוס איזה רגע. אני עולה על ציוד המיגון ותולה את המצלמות על הכתפיים שכבר מאיימות להישמט תחתיי. על הקרקע אני בקושי מצליחה להבחין בעשרות החיילים, שאומנם יושבים יחד זה לצד זה, אבל כל אחד עמוק בשלו. הציוד שלהם מרוכז כולו בערמה, ורק הנשקים שלהם צמודים אל הגוף.

מתוך הלילה השחור, אחד מהחיילים מושך את עיניי ואת עינית המצלמה שלי, ששמחה לזהות איזה מקור של אור. עיניו הכחולות נוצצות, תודות לאור הבוהק שבוקע מתוך מסך

הפלאפון שאותו הוא אוחז ומאפשר לי לראות בבירור דווקא אותו מבין כולם. במה הוא כל כך מרוכז שהוא אפילו לא מבחין בי, אין לי מושג, אבל איכשהו ברור לי שלא מדובר בגלילה אין-סופית בטיקטוק מתוך שיעמום. תנועת האצבעות כאן שונה. אני די בטוחה שהוא מקליד משהו. העיניים שלו מתכווצות בריכוז, ואני מבחינה גם בקמטי ההבעה שלו. מי חשב שלילד בן עשרים יש קמטי הבעה... כנראה עוד תוצר של המלחמה הזו, שהספיקה להיחקק בפניו.

אני פותחת את הצמצם ומורידה את מהירות התריס, מנסה לייצב ככל שניתן את המצלמה הכבדה בין ידיי, בתקווה שאצליח לקלוט את האור המאיר את פניו. בראש רצות לי מיליון מחשבות מקוללות שאני מנסה לסלק, אך הן חזקות ממני: אולי הוא כותב מילים אחרונות? אולי זו התמונה האחרונה שלו שמישהו יצלם, ומי אני שחלילה אעשה לו את המזל הרע הזה?!

הוא ממשיך להקליד ופתאום אני מבחינה בחיוך הענק שלו, ואני מוסיפה עוד צילום שייחרט על כרטיס הזיכרון שלי. איך זה שכל החיילים המתים נראים כל כך מאושרים בתמונות האחרונות שלהם, חשבתי לעצמי. אבל אלוהים, צעקתי לעצמי, החייל הזה חי! סלק ממני את המחשבות האלו, ביקשתי. לא היה לי מושג מי הוא החייל שצילמתי, אבל היה בי צורך ללכוד את הרגע, לנסות לעצור את הזמן כמו שרק המצלמה יודעת.

חלפו ימים. הספקתי להיות בעוד שטחי כינוס רבים, להיכנס לתוך עזה, לצלם אותם נלחמים, מתחבקים, בוכים, וגם נופלים ונקברים. את התמונה ההיא לא זכרתי. היא נכנסה לארכיון הכבד של המלחמה הזו והצטרפה לעוד אלפי תמונות, עד שהטלפון צלצל.

"שלום", היא אמרה לי בקול חלוש. "אנחנו לא מכירות. קוראים לי לילך, אני אימא של איתי והתקשרתי בתקווה שתוכלי לעזור לי". היא סיפרה שהיא ראתה תמונה שצילמתי בתוך שטח כינוס.

היא מחפשת בנרות תמונה שתיתן לה קצת אור בתוך החודשים החשוכים שעוברים עליה מאז שאיתי שלה נפל בקרב.

ניסיתי להבין אם היא זיהתה את הבן שלה באחת מהתמונות שלי ולכן היא פונה אליי, אבל היא אמרה שלא. היא פשוט חולמת למצוא עוד תמונה של הבן שלה, כזו שעוד לא ראתה, כזו שעשויה הייתה להיתפס, אולי, בעדשת מצלמה של מישהו שהיה שם ברגעים הללו. "אני יודעת שהבקשה שלי לא הגיונית", היא אומרת לי, "אני יודעת שאני נשמעת לך הזויה, אבל אם תסכימי, אני אשמח לשלוח לך את התמונה של איתיצ'וק שלי, רק בשביל הסיכוי הקטן שתזהי אותו ותמצאי אותו בתמונות שלך".

כל כך הרבה פניות כאלו מגיעות אליי, וכל בן משפחה כזה שמתקשר גומר לי את הלב. אני יודעת עד כמה הסיכוי נמוך. מה הסיכוי שמתוך אלפי החיילים האלו שנמצאים שם בשטחי הכינוס, זכיתי לצלם דווקא את הילד האהוב שלה. אני אומרת לעצמי: הלוואי, הלוואי שיש לי תמונה בשבילה. מה לא הייתי עושה כדי להעניק תמונה אחרונה לבני משפחה שכולה. "בטח, שלחי לי תמונה שלו ואני אחפש אצלי", אני אומרת לה. אני יודעת שהסיכוי שאמצא כל כך קלוש, אבל לא יכולה לסרב לאם ששכלה את בנה.

חלפו דקות אחדות והתמונה של הבן שלה הגיעה אליי. עיניו הכחולות והחיוך המתוק שנמתח על פניו כאילו הגבירו בבת אחת את תאורת המסך של הפלאפון שלי, עד כדי כך שהצלחתי לרגע אחד לדמיין את הילד הזה, איתיצ'וק, בחיים. לרגע אחד שכחתי מהעובדה המרה שהחיוך הזה מת, יחד עם איתי שלה, במלחמה הארורה. נזכרתי בתמונה ההיא, של החייל תכול העיניים שכתב משהו בשטחי הכינוס. פתחתי אותה והעמדתי את התמונה ההיא לצד תמונתו של איתי.

לא. לא צילמתי את איתיצ'וק שלה. צילמתי חייל אחר.

*

מאז השבעה באוקטובר הצילום שלי הפך כהה. גם במובן של הצבע, גם במובן של התאורה החשוכה, וגם במובן של מה שהצילום מכיל: כהות של שכול, כהות של עצב, של כאב. אני מרגישה שכדי לשרוד בתקופה הזו, כדי להמשיך לייצר מתוך המחויבות שלי לעולם של האמת, מתוך הנאמנות שלי לעיתונות הדוקומנטרית שלא מאפשרת לי לייצר תמונות יש-מאין אלא רק לתעד את הקיים, אני חייבת לייצר לעצמי דמיון של תקווה. אני חייבת שהמוח שלי והלב שלי ימשיכו תמיד לראות לא רק את התמונות שיש אלא גם את התמונות שיכולות להיות, את התמונות שאני רוצה ומקווה כל כך לצלם.

הדמיון הוא מתנה גדולה. כל עוד המוח והלב עדיין מצליחים לייצר דמיון של רגעים מוארים, רגעים שהם ההיפך מהצבעים הכהים האלו של השכול והכאב, אז אני מסוגלת לצלם גם את התקופה הזו, שכל כך עמוסה בחושך.

אומנם לא יכולתי להעניק לאימא של איתיצ'וק את התמונה האחרונה של בנה, אבל יכולתי לדמיין את התמונה הזו. הלוואי שגם היא יכולה.

ארז מישלובסקי

סמ"ר ארז מישלובסקי ז"ל, מאורנית, לוחם בגדוד צבר, חטיבת גבעתי. נפל בקרב באסון הנמ"ר בצפון רצועת עזה בט"ז בחשוון תשפ"ד, 31.10.23.
הותיר אחריו הורים, שלושה אחים ובת זוג.
בן עשרים בנופלו.

ארז כתב את מכתבו האחרון בפנקסו האישי בלילה שלפני הכניסה הקרקעית הראשונה לעזה.

שלושה ימים לאחר מכן ארז נפל באסון הנמ"ר. הפנקס שארז נשא עליו נמצא שרוף לגמרי מבחוץ, אבל המילים שבתוכו שרדו.

אם כבר אז כבר

ארז מישלובסקי

היי,
היה לי כל כך הרבה דברים לרשום, אבל ברגע האמת הכל בורח מהראש. מי היה מאמין שיגיע הרגע שאכנס לעזה בתור לוחם.

תמיד חשבתי לעצמי שבא לי איזה משפט טוב, שיהיה שלי אבל יחסית ציני אבל עם משמעות. נראלי אלך על המשפט: "אם כבר אז כבר". נראלי אחלה משפט, מקווה שיתפוס.

לדעתי למשפט הזה יש משמעות טובה. אפשר ללכת איתו להרבה כיוונים כמו; "אם כבר להיכנס אז שיהיה מעניין", או "אם כבר לוחם אז שיהיה בגבעתי".
סתם...
בחרתי את המשפט, בגלל שאני חושב שהדרך להשלים אותו זה: "אם כבר להיכנס אז זה בשביל המשפחה, החברים, והעם". בסופו של דבר, כשאני הייתי ילד תמיד הגנו עליי. עכשיו תורי להגן עליכם. נראלי זאת הדרך הכי טובה.

טוב עכשיו לחלק הקשה.

נראלי אחלה משפט, מקווה שיתפוס: משפחתו של ארז חרטה את המילים "אם כבר אז כבר" על קברו. המשפט של ארז מתנוסס היום גם על חולצות וסטיקרים בכל רחבי ישראל.

אמא ואבא היקרים אני רוצה שתדעו שאני תמיד אוהב אתכם וגם כשהיה לנו ״תקלים״ קטנים אני יודע שזה מתוך דאגה.
אני רוצה שתדעו שאני מעריך כל דבר שעשיתם בשבילי והתמיכה שנתתם לי, ושזה לא מובן מאליו.

גיא, איה ונעה, אני רוצה להודות לכם על הכל. על הריבים המטופשים שלנו, הצחוקים שתמיד היינו עושים, החיקויים שהיינו עושים אחד על השני, בקיצור כל דבר שהיינו עושים ביחד. שתדעו שאני אוהב אתכם ומעריך כל דבר שעשיתם בשבילי.

משפחה וחברים יקרים, תודה על כל התמיכה שנתתם לי. אוהב ומעריך אתכם מעומק ליבי. תודה שהייתם חלק מהחיים שלי, אוהב אתכם,

ארז

״אם כבר אז כבר״

אני רוצה שתדעו שאני מעריך כל דבר שעשיתם בשבילי: ״את מגדלת את הילדים, מחנכת אותם ומקווה להנחיל להם ערכים, אבל את לא באמת יודעת מה מזה נקלט״, אומרת סופיה אימו של ארז. ״ופתאום את קוראת את המכתב, ומגלה שהכול בפנים. כל התובנות של כל החיים שלו פשוט נמצאות שם״.

עדן, מפלצת שלי.

אני לא יודע במה להתחיל או מאיפה. עברנו דרך ארוכה מהנה וכיפית, או כמו שאמרת לי - מלמדת. אנחנו מתקרבים להיות שנה ביחד, מאמי מי היה מאמין שעברו מעל שמונה חודשים ביחד... התקופה הזאת הייתה לי התקופה הכי טובה. למדתי כל כך הרבה, נהנתי כל כך להיות איתך. תוך כדי שאני רושם, אני מבין כמה אני אוהב אותך חיים שלי. מאמי שלי, יפה שלי, מפלצת שלי, רק שלי.

תמיד ידעתי שיש לי הרבה להגיד, אבל ברגע האמת זה הכי קשה. אבל בגלל שאת מכירה אותי כל כך טוב את בטוח יודעת מה אני חושב עלייך. חיים שלי אני אוהב אותך, תמיד אוהב, לא משנה מה קרה, את תמיד בלב שלי.

אוהב אותך מפלצת שלי.

מפלצת שלי: כשארז ואחיו היו קטנים סופיה אימם הייתה מכנה אותם בחיבה 'מפלצות שלי'. כשארז התאהב בעדן בת זוגו, הוא העביר לה את הכינוי. לאחר נפילתו של ארז, עדן הנציחה אותו בין היתר באמצעות דמותו של מייק וזובסקי מהסרט מפלצות בע"מ.

שי ארווס

סמ"ר שי ארווס ז"ל, מחולון, חובש קרבי בגדוד צבר, חטיבת גבעתי. נפל בקרב באסון הנמ"ר בצפון רצועת עזה בט"ז בחשוון תשפ"ד, 31.10.2023. הותיר אחריו הורים, ארבעה אחים ובת זוג. בן עשרים בנופלו.

ב־19.10.23, לקראת הכניסה הקרקעית לעזה, כתב שי את מכתבו האחרון בפתקים בטלפון.

כעבור שבוע וחצי שי נהרג באסון הנמ"ר.
אחרי מותו קיבלה המשפחה את הטלפון שלו ומצאה את המכתב תחת הכותרת "למקרה ו...".

סבא תהיה גאה בי,
כי לא נפלתי לחינם

שי ארווס

למקרה ו...

לאדר האהובה שלי, אמא היקרה שלי, האבא הכי טוב בעולם וכל האחים שלי, חן ותמי ריי ואימרי, אור וניב, רן ומוריה, אמילי וארי וטל וסתיו והמשפחה הקרובה,

שתדעו כמה אני מתגעגע אליכם ואני אוהב אתכם, והאמת ששמחתי לעשות את מה שאני עושה, להציל אנשים ולשמור על המדינה, כי זה משהו שתמיד רציתי. משהו שתמיד היה חלק ממני, מאז שהייתי קטן, ועכשיו הייתה לי ההזדמנות לעשות זאת ולתת מעצמי גם למדינה.

אז שתדעו שכל זה לא היה לחינם והיה שווה את זה. שכל עם ישראל ימשיך במסורת הזאת, ולאהוב את המדינה כי אנשים לא נפלו פה סתם, ויש אנשים שצריכים לשמור פה.

להציל אנשים ולשמור על המדינה כי זה משהו שתמיד רציתי: בעקבות החלום שלו להציל חיים, בשנות התיכון שי התנדב במד״א, ואף הכיר את אדר בת זוגו בתקופת הקורונה כששניהם התנדבו לשמור על ילדיהם של רופאים.

כשהתגייס לצה״ל, לצד היותו לוחם בפלחו״ד התנדב לצאת גם לקורס חובשים. בשבעה באוקטובר, בקרבות הקשים בכפר עזה, שי וחבריו הלוחמים הצילו את חייהם של מאה ושניים אזרחים.

ויש אנשים שצריכים לשמור פה: שבוע לפני ששי נהרג, לאחיו רן נולד בן. רן שלח לשי תמונה של האחיין שעוד לא פגש. שי כתב בתגובה: ״אני ממש מאושר! בשביל זה נשארתי לשמור עליכם״.

אני יודע שזה יהיה קשה אבל אני רוצה שתמשיכו איך שאתם. תמשיכו בחיים, תנו מעצמכם כמה שאתם רק יכולים, תהיו משפחה מאוחדת.

אדר אהובה שלי תמשיכי בשלך. זה יהיה קשה, אבל אני באמת רוצה שתהיי מאושרת כמו עכשיו ותמשיכי הלאה.

וכל חבריי הקרובים, אני אוהב אתכם ומעריך אתכם על כל החיים והחוויות שעברנו ביחד. היה כיף, נהניתי מאוד, והיו לי חיים מאושרים. סבא, אני יודע שתמיד האמנת בי והיית מאוד גאה בי שנהייתי לוחם,

אז תהיה גאה גם עכשיו,
כי לא נפגעתי בחינם

אחרי ששי נפל, גם לאחיו טל נולדה בת בכורה, שנקראה על שמו: שי-לי.

תנו מעצמכם כמה שאתם רק יכולים: במהלך התיכון, שי ביקר בקביעות ניצולת שואה בשם אביבה בן יקר. אחרי מותו סיפרה:

"למרות שמפרידות בינינו שישים שנה, שי ואני התחברנו ונעשינו ידידים. הוא בחור נהדר! הוא היה מבקר אותי באופן קבוע והיינו צוחקים יחד, שותים קפה ואוכלים עוגה. הוא אפילו הביא לי עוגות שאפה בעצמו. פעם הוא רכב אליי על האופניים שלו כדי להביא לי עוגה גדולה ויפה שאפה לכבוד יום הולדתי ה-75. קשה לי לתאר כמה זה ריגש אותי. על העוגה הודפס ציור של שנינו עם הקדשה 'יומולדת שמח, מלכה שלי!'.

אפילו אחרי ששי התגייס לצבא הוא המשיך לבקר אותי. הוא בא במדים. נתתי לו חיבוק חזק וביקשתי מאלוהים שישמור עליו".

סבא, אני יודע שתמיד האמנת בי והיית מאוד גאה בי שנהייתי לוחם: יעקב, סבא של שי, לחם במלחמת יום הכיפורים ובמלחמת לבנון הראשונה. "בגלל שהייתי לוחם בעצמי, שי ואני היינו משוחחים הרבה על השירות הקרבי", מספר סבא יעקב. "הייתי שואל אותו איך באימונים, איך בקו, מה הוא חווה. הוא התרגש לראות כמה אני מתעניין. הוא היה גאה שהוא ממשיך את הדרך".

עדי דנן

סמ"ר עדי דנן ז"ל מיבנה, מפקד כיתה בגדוד צבר, חטיבת גבעתי. נפל בקרב באסון הנמ"ר בצפון רצועת עזה בט"ז בחשוון תשפ"ד, 31.10.2023. הותיר אחריו הורים, שתי אחיות ובת זוג. בן עשרים בנופלו.

בשיחה של עדי עם יהלי בת זוגו ערב הכניסה לעזה סיפר לה: "רועי דאווי הסמל ועוד חבר'ה פה יושבים לכתוב מכתבים למשפחות שלהם. אני לא מבין. הם לא מבינים שאנחנו חוזרים?".

יהלי הרגיעה אותו ואמרה לו שהוא לא צריך לכתוב. "אנחנו יודעים כמה אתה אוהב אותנו, אתה לא צריך להוסיף".

למרות זאת, עדי החליט להשאיר מכתב. הוא כתב אותו בפתקים בטלפון שלו ב־26.10.23 והתקשר לחברו הקרוב דביר.

הם דיברו על הכניסה הקרקעית שעתידה להתחיל בכל רגע, ועדי סיפר לו על הדברים שראה בשבעה באוקטובר בכפר עזה, משם חזר אדם אחר. בסיום השיחה הנחה אותו: "אני שולח לך מכתב, אתה החבר הכי טוב שלי ואני סומך עליך שלא תקרא אותו. אם יקרה לי משהו, תתמוך במשפחה שלי, תישאר לצד חברה שלי ותשמור עליה".

כעבור שבוע עדי נהרג באסון הנמ"ר.

מייד אחרי שדביר התבשר על נפילתו של עדי, נסע אל בית הוריו של עדי ומסר להם את המכתב.

למקרה ויקרה לי משהו
יש לי משהו להגיד

עדי דנן

משפחה שלי.

אני יודע שבסופו של דבר אולי זה מכתב לעצמי שהכל יהיה בסדר כבר ושיגמר המלחמה, אבל בסופו של דבר למקרה ויקרה לי משהו יש לי משהו להגיד לכם לפני שאני נכנס.

אני יכול להגיד לכם שזכיתי במשפחה הכי טובה שיכולתי לבקש. הפכתם אותי לילד עצמאי שיודע לכבד הורים ולהעריך כל דבר שיש לי, לימדתם אותי להעריך אדם ואת כל הסובבים ולדבר, לעשות שיקולים למה טוב ומה לא טוב.

בחיים לא החסרתם לי שום דבר, כל דבר שרציתי היה לי ועל זה אני מודה לכם.

אבא: אני יודע שתגיד לי שאני דביל ומה אתה רושם

דברים כאלה, אבל בסופו של דבר אני לא מחליט מה יהיה שם ומה לא אבל אהיה הכי זהיר בעולם בכל מה שאני אעשה.
זכיתי בחבר הכי טוב, איש הסוד שלי, הבן אדם שאני מחשיב, האיש ששומר עליי. תמיד דאגת לי, תמיד היית שם גם כשלא הייתי צריך, תמיד הראית דאגה של אבא ואהבה אין סופית.
אני אוהב אותך ברמה שאתה לא מבין אפילו, אבל מבקש ממך כבקשה אישי ממני אליך, תשמור על המשפחה, תהיה שם בשביל כל מי שצריך, תראה חיוך ותעלה את המשפחה הזאת כי אתה הלב בה.

אמא: המלכה שלי, האישה שאני הכי אוהב בעולם. אין לי כל כך מילים להגיד חוץ מתודה. תודה שדאגת לי, חינכת אותי, הכלת אותי, היית שם בשבילי, התרגשת והתעצבנת.

בסופו של דבר אני יכול להגיד לך שהפכת אותי למה שהייתי, היצירה הכי טובה שאפשר לעשות.

אני רוצה שתדעי שאני פשוט אוהב אותך ברמות שאת לא מבינה אפילו ומבקש - תשמרי על כולם ותהיי חזקה. אני רוצה שתדעי שאת הבן אדם שאני הכי מתרגש ממנו, אני אוהב אותך לעד.

אחיות שלי: אחותי התאומה, בשר מבשרי, הבן אדם שהכי

מבין אותי בעולם. אין לי כל כך איך להתחיל, אבל אני אגיד שאני אוהב אותך לינויה, וגם אם יקרה משהו אני תמיד יהיה שם בשבילך ואשמור עלייך מלמעלה.

את אחותי התאומה, הבן אדם שחוויתי איתך את כל הרגעים מאז שהיינו תינוקות קטנים וחמודים ועד שגדלנו והפכנו לחיילים. אני אוהב אותך לינויה שלי ואוהב לעד.

ליאורי הקטנה, הדבר שאני מגונן עליו כל החיים.
אני זוכר עוד שהיינו בכיתה ד ואני ולינוי שכבנו במיטה של אמא ואבא שהיינו קטנים, והם הביאו אותך, יצור שמן למיטה ואמרו לנו זאת אחותכם. מאותו הרגע ידעתי שאני אשמור עלייך כל החיים.

הפכת אותי לאח הכי מאושר בעולם, אני אוהב אותך ברמות. תמשיכי להיות חייכנית כזאת שאוהבת את כולם, ואני מבקש ממך תעשי נחת להורים, תהיי ילדה טובה ליאורי, תשקיעי בלימודים כי אני רוצה לשמוע שיש לך איזה תואר טוב שיעזור לך בחיים ובסופו של דבר תהיי אדם טוב, כי אני פה כל הזמן ושומר מלמעלה. אוהב אותך לעד.

יהלי שלי: הסינית הפרטית שלי, הבן אדם שגרם לי

ועד שגדלנו והפכנו לחיילים: "אחרי שעדי נפל לקחתי את הכומתה הסגולה שלו ושמתי אותה עליי", מספרת לינוי אחותו התאומה. "אני מסתובבת איתה בארץ ומספרת עליו, כדי שיזכרו את עדידי שלי תמיד ובכל מקום".

הסינית הפרטית שלי: ליהלי בת זוגו של עדי יש עיניים מעט מלוכסנות, וכך עדי היה מכנה אותה. עדי ויהלי הכירו באינסטגרם בתקופה שעדי שמר בבסיס מחווה

באמת לדעת מה זה לאהוב ואיך להרגיש מאוהב.

אני זוכר שהכרנו במחווה אלון שם בין השמירות, ובכלל לא היית בקטע של זוגיות, אבל אני זוכר עוד בשיחות הראשונות את הקליק, את החיבור הקטן הזה שגרם לי לפרפרים בבטן, את החיוך שעולה לי בזמן שאני מקבל הודעה ממך או שאני מחכה לשיחת טלפון כל פעם שיכולתי.

גרמת לי לאהוב, יהלי שלי, גרמת לי להרגיש בטוח איתך לדעת לפרוק שצריך ולדעת להראות לך אהבה בלי גבולות.

אולי אנחנו ביחד חמש חודש, אבל זה מרגיש לי כאילו אנחנו ביחד כבר שנים.

אני מבקש ממך יהלי שלי, אני איתך ואני פה כל החיים. איך יונתן קלימי אומר - "אני פה גם אם כלום לא מסתדר", אז אני באמת פה גם מלמעלה רואה אותך כל הזמן, אוהב אותך אהבה בלי סוף אישה שלי ואמשיך לאהוב כל הזמן.

תודה שהיית חלק ממני וגרמת לי לדעת שזכיתי בדבר הכי טוב שיכולתי לבקש. אוהב אותך באבו שלי.

בנוסף אני רוצה להגיד תודה לכל החברים שלי ולכל

אלון, ועוד לפני שנפגשו פנים אל פנים היו מעבירים את כל השמירות בשיחות טלפון ארוכות. יהלי מספרת שאף על פי שהיו יחד חמישה חודשים בלבד, עדי היה אומר לה מדי ערב שהאהבה שלהם היא לתמיד.

אחרי שעדי נפל, יהלי החליטה לשרת בחטיבת גבעתי בה לחם.

איך יונתן קלימי אומר: עדי נהג לצטט פעמים רבות את המשפט "אני פה גם אם כלום לא מסתדר" משירו של הזמר האהוב עליו יונתן קלימי. יונתן הגיע להלוויה של עדי, ואחרי שהכיר את דמותו הוציא את השיר "אל תדאגי אמא", המבוסס על מילות המכתב.

האנשים שליוו אותי כל החיים. הפכתם אותי למה שאני והעליתם לי את השמחת חיים, אני אוהב אתכם.

משפחה שלי ויהלי שלי, אתם הכל בשבילי ותמיד אוהב אתכם.

תודה שהייתם חלק ממני

גיבורי ההווה שלנו

סא"ל אבירן אלפסי | מפקד בא"ח גבעתי

ב־26 באפריל 2024, לאחר חצי שנה של לחימה רצופה מאז השבעה באוקטובר, התכנסנו לערב סיכום פרק לחימה של גדוד צבר שעליו פיקדתי.

דחיתי את כתיבת הנאום שלי עד לרגע האחרון. חיפשתי את המילים הנכונות למעמד החשוב הזה. מה אומר לחייליי הצעירים שלחמו בגבורה ואיבדו חברים לנשק, ולמפקדים שהובילו את הלחימה בחירוף נפש לקראת הקרבות שעוד נכונו להם?

והקשה מכול – מה אומר למשפחות חמישה עשר נופלי הגדוד שיָשבו מולי בקהל?

כשדמיינתי את העיניים האלה, הגאות, האבלות, פתאום היה לי ברור מה אני רוצה לומר.

אלה המילים שנשאתי:

"בסיומה של תקופה, בנאום מפקד היחידה, לרוב מצטט המפקד את גדולי הדורות הקודמים.

את טרומפלדור, את יגאל אלון עם המשפט האלמותי על עם שאינו יודע את עברו, או את דוד בן גוריון שכתב ביומנו שגורלה של המדינה היהודית בידי כוחות הביטחון.

ברשותכם, הערב אבחר בנאום שונה.

במקום לצטט את גיבורי העבר, בחרתי לצטט את גיבורי ההווה שלנו. מילים אחרונות שכתבו אנשים צעירים, חייליי שנפלו בקרבות.

סמ"ר עדי ליאון ז"ל כתב במכתבו האחרון:

'אני יוצא למלחמה הזאת בידיעה שאני לא בטוח חוזר, אבל

אני מאמין בלב שלם במה שאני עושה. אין לנו ארץ אחרת ועכשיו תורי להגן עליה'.

סגן פדיה מרק ז"ל כתב:

'משפחה אהובה, ימים מאתגרים עוברים על העם. אנחנו חזקים! עם ישראל חזק, צה"ל חזק!'

סמ"ר איתי יהודה ז"ל:

'חשוב לי לומר שאני לא מתחרט לרגע שהתגייסתי לקרבי, זה הדבר הכי טוב שעברתי בחיי'.

סמ"ר רועי דאווי ז"ל:

'אם למות אז רק ככה. היה לי את השירות הכי טוב שאפשר לבקש, עם הסוף הכי מתוק שיש. יש לי לוחמים אריות – זכות לפקד עליהם! החיוך עולה בכל רגע אפשרי'.

סמ"ר שי ארוס ז"ל:

'האמת ששמחתי לעשות את מה שאני עושה, להציל אנשים ולשמור על המדינה, כי זה משהו שתמיד רציתי, משהו שתמיד היה חלק ממני, מאז שהייתי קטן. ועכשיו הייתה לי ההזדמנות לעשות זאת ולתת מעצמי גם למדינה. שכל עם ישראל ימשיך במסורת הזאת ולאהוב את המדינה, כי אנשים לא נפלו פה סתם, ויש אנשים שצריכים לשמור פה'.

אלה הם גדולי הדור עבורי. קראו לכם דור הטיקטוק, דור האמיל"י – ראשי תיבות של "אני־מה־יצא־לי־מזה" – דור ה־y, דור ה־z, ועוד שלל כינויים. המלחמה הזו הוכיחה שרק כינוי אחד ראוי לדור הזה: דור הגבורה.

בעוד עשר או עשרים שנה, בצוהרי יום שקט, יגיעו אליכם בנכם או בתכם ובידם ספר היסטוריה.

הם ישאלו אתכם: 'אבא, אימא, מה זה מלחמת 'חרבות ברזל'? למדנו על זה היום בשיעור'.

לאחר שתדחסו להם תקופה ארוכה של חוויות במשפט מתומצת, אל תשכחו לספר להם גם על גיבורי התקופה הזו. על הגיבורים החדשים שקמו לנו. אנשים צעירים שחיו כאן בינינו, ולחמו איתנו, וכתבו בדם ליבם מילים שימשיכו להדהד כאן לדורות".

מארק קונונוביץ'

רס"ם (במיל') מארק קונונוביץ' ז"ל, מהרצליה, לוחם בגדוד 8208, חטיבה 261. נפל בקרב בדרום רצועת עזה בי"ב בשבט תשפ"ד, 22 בינואר 2024. הותיר אחריו אישה, ארבעה ילדים, הורים ושני אחים. בן 35 בנופלו.

כשמארק יצא מביתו להילחם בשבעה באוקטובר, אוראל אשתו הפצירה בו שישאיר מכתב. "תסתכל על הילדים שלנו", אמרה לו. "היא בת שבוע והוא בן שנתיים. אם יקרה לך משהו, הם לא יזכרו אותך. מה אני אראה להם?"

מארק סירב. הוא התעקש שיחזור בשלום ולא רצה להיפרד.

ב־22.1.24, בשעה שתיים לפנות בוקר, כתב את מכתבו האחרון בפתקים בטלפון. שעות ספורות לאחר מכן מארק נפל בקרב לצד עשרים לוחמים נוספים.

כשאשתו קיבלה את הטלפון במהלך השבעה היא מצאה את המכתב והופתעה: "כשביקשתי שיכתוב, חשבתי שיכתוב כמו במכתבים הרגילים - שייפרד ויגיד אני אוהב אתכם, תגדלו, תצחקו, כל מה שאומרים לילדים. ובמקום זה, הוא כתב משהו אחר לגמרי. אבל אז הבנתי: מארק באמת לא היה צריך להגיד שהוא אוהב אותנו. עבור זה הוא נלחם, בשביל זה הוא יצא בשבעה באוקטובר. זה מובן מאליו".

תבין לפתע שאינך נצחי

מארק קונונוביץ'

יום אחד, בוקר שטוף שמש או ערב מאוחר וגשום. פתאום תבין שהכל יקרה לך כשזה צריך לקרות. ואנשים שנמצאים איתך אינם נצחיים, והעובדה שגם אתה לא.

אתה תבין שהכל חסר משמעות, אתה מבזבז את הזמן שלך בצורה לא נכונה. אתה חולם על משהו שלא יקרה. אתה עצוב על משהו שלא ניתן לתקן. אתה מבין כמה מילים זרקת לרוח וכמה מילים לקחת קרוב ללבך. אתה תבין כמה אנשים זרים עברו בחיים שלך, כמו דרך מסדרון, ולכמה אנשים קרובים ללבך לא התייחסת בגלל הטיפשות שלך. תבין שאתה צריך להשתנות. אין צורך לקחת הכל ללב, לא לצפות לכלום, ולא להצטער על שום דבר.

מה שצריך לבוא - יבוא, מה שקרה - אין דרך לשנות

הכל יקרה לך כשזה צריך לקרות: בשבעה באוקטובר, אוראל אשתו של מארק עמדה על סף הדלת וביקשה שלא יצא להילחם.

אוראל איבדה את אימה שנה לפני המלחמה ולא יכלה לשאת את המחשבה שתאבד גם את מארק.

"תראי מה הם עשו לנו", מארק ענה לה. "המדינה קרסה, יש מאתיים חטופים, אני לא יכול להישאר בבית".

לאחר שלושה חודשי לחימה, כשחלק מהמילואימניקים שוחררו לביתם, אוראל ביקשה ממארק שיחזור. הוא התעקש שלא ישוב הביתה עד שהחטופים יהיו בבית. "איך אישן במיטה שלי כשהם ישנים במנהרות?"

ולא להצטער על שום דבר: שבועיים לפני שנהרג שלח מארק לאביו הודעה ללא סיבה נראית לעין, וכתב: "יש איזה רצון לסיים את החיים בכבוד... לא להשאיר מאחורי חובות, כדי שהמצפון לא יציק, אם פגעתי באדם אהוב ולא הספקתי לבקש סליחה.

נוסף על הטקסט שכתב בעברית, הוסיף מארק ברוסית לפתק אוסף ציטוטים שליקט בחייו ממקורות מגוונים – מחיבור של הוגה טיבטי ועד משפט של דמות במשחק וידאו:

- "אנו שומרים על זכרם של מעשים נעלים גם כאשר הפנים נמחקות מזיכרוננו. הזיכרון נשאר גם כשגוזלים מאיתנו את כל השאר."

- "אדם נורמלי אינו מתעורר עם המחשבה שהיום הוא היום האחרון בחייו. אבל אני חושב שזו פריבילגיה, לא קללה. הידיעה שהמוות קרוב נותנת חירות. זה הזמן לעשות חשבון נפש. האויב חזק, אנחנו מעטים, אנחנו על הקצה, הולכים למוות בטוח, אבל האבנים והחול שראו אלפי שנות מלחמה, שספגו כל כך הרבה דם, יזכרו אותנו. כי אנחנו בחרנו את דרכנו, ותאמין לי, הדרך הזו מפחידה מכל סיוט. אין לנו דרך אחרת, אנחנו חייבים לעשות זאת, אנחנו נשמיד את הרוע."

- "שמור על נשמתך מכל שפלות, גם אם היא מובילה אותך אל המטרה שחשבת עליה, כי לנשמה שאבדה לא תמצא תחליף."

- "להבין את הארעיות ואת המוות - פירושו להבין ששום דבר אינו נמשך לנצח; הכול חולף כמו חלום."

ובכלל, יש כל כך הרבה דברים שאני רוצה לעשות בצורה יפה, הגונה וכנה".
אלכס אביו השיב לו: "כל החיים שלך עוד לפניך, מאריק! אני גאה בך, כולנו גאים בך. אין לך חובות לאף אחד, אתה משלם את החוב הצבאי שלך למדינה ביושר וכבוד עבור כולנו! אתה אוהב את הילדים שלך, תשמור עליהם, זה הדבר הכי יפה הגון וכנה. אנחנו אוהבים אותך בכל הנשמה והלב, דואגים ומחכים שתחזור הביתה. מחכים לך, בן יקר ואהוב".

- "ערפל של רוך עטף את הרי העצב."

- "איזו תהום עצומה קיימת בין המתים שמחיים את ליבך כשאתה נזכר בהם, לבין החיים שהורגים את ליבך כשאתה פוגש אותם."

- "הלוואי שלכל אחד יהיה מה שחשוב הרבה יותר מכסף."

- "עד כמה נלך רחוק? - השאלה אינה כמה רחוק. השאלה היא עד כמה אתם חזקים, עד כמה אמונתכם עמוקה, כדי ללכת רחוק ככל שיידרש."

- "העיניים האהובות של אמא... הבט בהן כל עוד אינן רק זיכרון."

דניאל טואף

סרן דניאל מימון טואף ז״ל, ממורשת, סגן מפקד פלוגה בגדוד שקד, חטיבת גבעתי. נפל בקרב בדרום רצועת עזה בי״ד באלול תשפ״ד, 17.9.2024.
הותיר אחריו הורים וארבעה אחים.
בן עשרים ושלוש בנופלו.

דניאל כתב את המילים האלה ב־27.10.2023, לקראת תחילת התמרון הקרקעי בעזה.

הוא שלח את המכתב לקשת, חברתו הטובה, וכתב לה: ״וואי. כתבתי עכשיו מה אני הולך להגיד לחיילים לפני שניכנס ועוד משהו למשפחה. איזה מרגש זה. את לא מבינה. נשבע, בחיים שלי לא התרגשתי ככה״.

למחרת, דניאל הקריא את המילים לחייליו שעמדו בדבוקה אחת אחרי שבועות של אימונים, לקראת הכניסה הראשונה לעזה.

דניאל דיבר לקהל של חיילים רבים, ובכל זאת בחר להקריא בדבריו גם מילים אישיות לבני משפחתו, שקיבלו את הטקסט מקשת לראשונה רק אחרי מותו, כמעט שנה מאוחר יותר.

תראו איזה אימפריה גידלתם

דניאל טואף

אני אתחיל מזה שאני זוכר שכשהייתי ילד תמיד סבא וסבתא היו אומרים שכשאגדל כבר לא יהיו מלחמות ולא יצטרכו צבא. מהר מאוד הבנתי שזה לא נכון, כי למדתי להכיר מה זה עם ישראל, ארץ ישראל ומדינת ישראל שבכל דור ודור עומדים עלינו לכלותינו והקב"ה מצילנו.

אנחנו נמצאים ברגע היסטורי, רגע שיזכרו לדורות, ואנחנו כאן זכינו לקחת חלק בהיסטוריה הזאת. פרק נוסף בסיפורו של העם היהודי.

תמיד כל חלק כזה בסיפור של העם היהודי מתחיל מדבר אחד והוא ריבים פנימיים שלנו בתוך העם, כשאנחנו מעיזים להעלות על דעתנו שגם מי שחושב אחרת ממני הוא פסול ודפוק ולא חלק מהעם, ולא חלק מאיתנו וסתם מנותק.

תמיד כשמגיעים המשברים בעם יוצא מהם אסון לאומי כמו זה שקרה לנו ממש עכשיו - תינוקות נשחטו, משפחות שלמות נגדעו ואנחנו נותרנו כאן עם מדי צה"ל שצריך להגן על עמו, ונכשלנו. צריך להגיד את האמת.

עכשיו תורנו, תורנו להיות אלה שנוטלים את העול ולוקחים אחריות על העם. כמו אברהם, יצחק ויעקב כל אחד בניסיון שהיה לו - משה שהעלה את העם לארץ, יהושע בן נון בכיבוש הארץ, דוד שלמה ומלכי ישראל, אסתר ומרדכי, החשמונאים, אנשי המחתרות, הפרטיזנים, היהודים שהיו בתלאות השואה, לוחמי צה"ל לדורותיהם, כולם לקחו אחריות על העם שלהם. עכשיו תורנו.

לפני חודש וחצי היה ראש השנה, עשרת ימי תשובה ויום כיפור. התפללנו כולנו למען הכלל, ואני אישית - תמיד הדבר שאני הכי משתדל לכוון בו זה ספר חיים טובים. הרי הכוונה כאן היא לא שנחיה עוד שנה ולא נמות, הכוונה כאן היא שיהיו לנו חיים של משמעות ועשיית טוב למען עם ישראל וארץ ישראל.

ונכשלנו: בשבעה באוקטובר דניאל תפס קו בשומרון, ובכל זאת הוא מגדיר את כישלון ההגנה על העוטף ככישלון שגם הוא לוקח בו חלק. חייליו מספרים שדניאל היה דרוך תמיד כמפקד, וגם בתקופות רגועות דאג להיות במוכנות שיא לקראת מלחמה אפשרית. בשבעה באוקטובר דניאל ומחלקתו היו הראשונים מהגדוד להגיע לעוטף. גם אחרי אחד-עשר חודשי לחימה רצופה, דניאל חתם את השיחה האחרונה עם אביו במילים: "בשביל זה אנחנו פה. עד הסוף וכמה שצריך".

תמיד אני מכוון בזה הכי הרבה ומבקש שיהיה לנו חיים של עשייה למען הכלל, של נתינה למען העם והארץ. חיים שבהם אני הופך את העולם למקום טוב יותר, את העם שלי לטוב יותר. זאת תכלית החיים וכאן הגעתי לרגע וזכיתי לעשות את הדבר הזה ולחיות את החיים האלה, חיים של כלליות ועשיית טוב למען עם ישראל בגופי ממש.

תודה על חינוך מדהים ללא פשרות עם ערכים נצחיים של עם נצחי שתמיד ינצח. לאחים היקרים שלי אני אוהב את כולכם. מכולכם למדתי, אני תמיד גאה לספר מה שאתם עושים. אתם הגאווה שלי. גם אם לפעמים אני מתנהג כמו ילד מפגר, תדעו שתמיד אני אוהב אתכם וגאה בכם.

תודה לאבא ואמא שכל החיים נתתם לי מה שהייתי צריך, אבל אף פעם לא נתתם לי לעוף על עצמי ולחשוב שאני כל העולם.

כל החיים אני רואה איך אתם דואגים לעשות טוב בכל מקום שבו אתם נמצאים. אם זה אמא שעובדת ימים כלילות ומוטרדת כל הזמן מבעיות שיש בעם שלנו במקומות בהם היא נמצאת, ואיך היא תמיד לא עומדת מנגד ודורשת שהצדק והאמת הם אלו שיצאו לאור. ואם זה אבא שכל הזמן עובד בשביל העם, בשביל הביטחון של העם שלנו, ונהנה מזה בצורה מעוררת השראה. אתם מקור חיי.

בגופי ממש: בדיעבד, משפחתו גילתה שבאחת הפעילויות דניאל נפצע בכתף. הוא סירב להתפנות, טיפל בעצמו והמשיך להילחם עם כתף פצועה, בלי לומר דבר.

דואגים לעשות טוב בכל מקום שבו אתם נמצאים: אורית אימו של דניאל היא עורכת דין המתמחה במגזר הציבורי ופועלת כל חייה למען עשיית צדק. שלמה אביו סמנכ"ל בכיר ברפאל. דניאל היה מלא גאווה בהוריו ודיבר עליהם בכל הזדמנות, גם בנאומו האחרון.

אדם תבנית נוף מולדתו, הנוף שאני גדלתי עליו זה הנוף הזה של נתינה אין סופית ועשייה של דברים למען הכלל ולא הסתכלות אישית רק על עצמי.

אני אוהב אתכם ודורש מכם: כל עוד אני נמצא שם כדי להילחם ברוע ולהשיב את הטוב לעם ישראל - אתם תהיו שם בבית ותמשיכו לעשות טוב לעם שלנו. אל תעצרו אף פעם. תמיד תהיו עם ראש מורם וחזה נפוח כי אתם הצלחתם לחנך דור נאמן ומסור לעם ישראל, ארץ ישראל ותורת ישראל.

תראו איזה אימפריה גידלתם, כל ילד והייחודיות שלו בתרומה לעם ישראל. זאת הוכחה להצלחה של הורים טובים. כולם צריכים לקנא בכם שככה הצלחתם.

וזכני לגדל בנים ובני בנים, חכמים ונבונים, אוהבי ה׳, יראי אלוקים, אנשי אמת, זרע קודש בה׳ דבקים, ומאירים את העולם בתורה ובמעשים טובים, ובכל מלאכת עבודת הבורא.

זה מה שאתם עשיתם והצלחתם ואני מתפלל שאני אצליח כמוכם. ניפגש בקרוב ומבקש תמיד לשמור על חיוך, לא משנה מה קורה, ולהמשיך לעשות למען העם והארץ.

אוהב אתכם בלי סוף

ניפגש בקרוב: אף על פי שהנאום כתוב כמכתב פרידה, ובסוף המשפט הזה עצמו דניאל מבקש מהוריו לשמור על החיוך ״לא משנה מה קורה״, דניאל כותב כאן להוריו ״ניפגש בקרוב״.

אחד המפקדים שנכח במעמד מספר שבסוף הנאום, אחרי שהקריא את החלק שפונה למשפחתו, אמר דניאל לחייליו: ״תתקשרו להורים שלכם ותספרו להם כמה אתם שמחים, גם אם אתם מפחדים. אל תלחיצו אותם, לא תרוויחו מזה כלום, לא אתם ולא הם. תעבירו להם את הרוח הגדולה שנמצאת אצלנו״.

קאמיי אחיאל

סמל קאמיי אחיאל ז״ל, מראש העין, לוחמת בפלגה 914 ביחידת ״סנפיר״, חיל הים. נפלה בקרב בגבול הצפון בכ״ט בתשרי תשפ״ד, 14.10.2023. הותירה אחריה הורים, שתי אחיות ובן זוג. בת שמונה־עשרה בנופלה.

בתחילת המלחמה קאמיי שירתה בגבול לבנון כלוחמת ביחידת הקומנדו ״סנפיר״ של חיל הים.

ב־11.10.23, רגע אחרי אחת ממתקפות טילי הנ״ט בצפון, קאמיי דיברה עם אימה. בסוף השיחה קאמיי כתבה בפתקים בטלפון את המכתב האחרון שלה, ולא סיפרה עליו לאיש.

כעבור שלושה ימים, נפלה בקרב.

אחרי נפילתה חיפשו בני המשפחה תמונות במכשיר הטלפון שלה, וגילו במקרה את הפתק ובו המכתב האחרון.

חשוב לי שתדעו שאין מאושרת ממני

קאמיי אחיאל

למשפחה שלי, לחבר שלי, לקרובים שלי, אני כאן בגבול לבנון עושה את מה שמוטל עלי! מגנה על המדינה שלי, על החשובים לי מכל.

אני כותבת את זה בין האזעקות

בין היציאה לגבול ובחזרה למוצב.

חשוב לי שתדעו שאין מאושרת ממני שבחרתי לעשות את מה שאני עושה.

שמחה לקום כל בוקר ולשרת את המדינה שלי ביחידת סנפיר.

אני אוהבת אתכם, מתפללת ומבקשת שכל החטופים,

לחבר שלי: בסיום התיכון קאמיי התחילה לצאת עם ניתאי. הוא היה ספורטאי מצטיין שקיבל פטור מהצבא, אבל קאמיי הציבה לו תנאי: אם אתה רוצה להיות בן הזוג שלי, אתה חייב להתגייס ולשרת כלוחם. ניתאי התגייס לצנחנים. חצי שנה אחרי שקאמיי נהרגה הוא נפצע קשה בקרב ברצועת עזה.

מגנה על המדינה שלי: קאמיי נהרגה בפעילות מבצעית בגבול לבנון, כשיצאה לסכל ניסיון חדירת מחבלים דרך הים.

קאמיי שלפה רימון והתכוננה להשליך אותו אל המים כדי לפגוע במחבלים שהגיעו בצלילה. הרימון היה תקול והתפוצץ לפני הזמן. קאמיי נהרגה במקום.

הנעדרים, המשפחות מצפון ועד דרום יישארו בריאים ושלמים.

שכל חיילי צהל ילכו לשלום ויחזרו לשלום!

אנחנו העם הנבחר

שכל חיילי צה"ל ילכו לשלום ויחזרו לשלום: בתחקיר האירוע שבו נפלה קאמיי, התגלה בצה"ל כי משלוח ענק של רימונים שהגיע ארצה היה פגום ומסוכן והוחלט להוציאו משימוש. במותה קאמיי הצילה חיים של חיילים רבים.

יהונתן דויטש

יהונתן דויטש ז״ל, מבית שאן, לוחם ביחידת מגלן. שוחרר משירות קרבי בסיום חודשי לחימה רבים בעזה, ולאחר כשבוע נרצח בפיגוע בבקעת הירדן בח׳ באב תשפ״ד, 11.8.24. הותיר אחריו הורים, חמישה אחים וארוסה. בן עשרים ושלוש בנופלו.

בשבעה באוקטובר קפץ יהונתן מביתו בבית שאן לעוטף ולחם בקרבות הקשים בנחל עוז שלושה ימים רצופים. ארבעה ימים אחר כך, לקראת הכניסה לעזה, כתב יהונתן את המכתב בקבוצת הווטסאפ שלו עם עצמו.

יהונתן לחם בעזה חודשים ארוכים וחזר לביתו בשלום.

כשבוע לאחר שחרורו מצה״ל, כשהיה בדרכו לבקר את ארוסתו אמונה, נרצח יהונתן בפיגוע בכביש הבקעה.

הוריו פתחו את הטלפון הנייד שלו ומצאו בו מכתב שנפתח במילים ״דבר לעצמי״.

בהלוויה, במקום הספד, אביו אורי הקריא את המילים של יהונתן ולא הוסיף דבר.

בשום אופן זה לא מכתב פרידה

יהונתן דויטש

דבר לעצמי,

בשום אופן זה לא מכתב פרידה, רק מכתב להבהיר לעצמי את הערכים שמובילים אותי לקרב הזה.

זכיתי להיות חייל של העם היהודי. אין זכות גדולה מזאת. חלום של 2000 שנה ואני הקטן זוכה להגשים.

זכיתי שאני הולך למגר את חיות האדם הכי מרושעות שיצרה האנושות. התמונות שראיתי לא יוצאות לי מהראש ובשבילן אני יוצא לקרב הזה.

זכיתי במשפחה אוהבת ערכית ומוסרית, שדוחפת מאחורה ונותנת את הכוחות להמשיך הלאה, שברור לי שבכל מצב תמשיך את האידיאל ההיסטורי של בניין עם ישראל בארצו.

זכיתי בשותפה מדהימה לדרך. אחת שיודעת תמיד להגיד

התמונות שראיתי לא יוצאות לי מהראש ובשבילן אני יוצא לקרב הזה: שבוע לאחר השבעה באוקטובר כתב יהונתן בקבוצת הווטסאפ שלו עם עצמו:

"לוקח רגע לכתוב בכל האירוע העמוס והמטורף הזה.

קשה להאמין שעבר שבוע מהרגע שקמתי בבוקר שבת לטלפון מחבר לצוות ומהודעות על טילים לדרום...

מגיעים ליחידה כמה שיותר מהר, רצים בספרינט להביא את הציוד ויורדים עם מי שהספיק להגיע להציל את העוטף פשוטו כמשמעו.

ב10 בבוקר אני כבר בשדרות ומתחיל להבין שזה אירוע יותר גדול אפילו ממה שחשבתי. נחסוך את התיאורים, אבל בואו נגיד שמצב הצירים וכמות הנרצחים שהיו בדרך לא משאירים מקום לדמיון לזוועה שמתחוללת.

מגיעים לשדרות, מבינים ששם פחות רלוונטיות וטסים עם כמה צוותים לנחל עוז, קיבוץ שנכבש ומלא מחבלים שעוברים בבתים ואתם יכולים לדמיין את ההמשך.

תוך כדי נסיעה מתחילים לקבל דיווחים על התקלויות פצועים והרוגים, חלקם גם מהיחידה, ונדרכים אפילו יותר.

את המילה הנכונה, יודעת לחבק כשקשה ולהיות שם בשבילי תמיד. אחת שמראה לי איך לא צריך הרבה דיבור והרבה פרסום ופשוט לעשות תמיד את המעשה הנכון. אם כולם היו כמוה היה לנו עולם שלם.

מתוך כל הזכויות האלה אני יוצא לקרב כחייל עברי גאה, שזוכה להגשים ערכים של עם בן 3500 שנה. מקווה שאני ראוי למשימה

ובטוח שאני אעשה אותה על הצד הכי טוב שאני יכול

...מגיעים לקיבוץ, מחלקים גזרות בין הצוותים ומתחילים לעבור בית בית לטהר את הקיבוץ ממחבלים. בתוך הבתים הזוועה גדולה אפילו יותר. משפחות שלמות זקנים הורים ילדים...

אחרי קרבות לא פשוטים הקיבוץ משוחרר ואנחנו יכולים לפחות לנשום לרווחה.

עוברים בבתים ומתחילים להוציא אנשים מהממ"ד. אני לא חושב שיש תחושה טובה מזה בעולם. להגיד למשפחה שישבה בממ"ד עם ילדים ותינוקות במשך 10 שעות בפחד מוות מהפורעים "קוראים לי יהונתן אני חייל בצה"ל, באתי להוציא אתכם".

לא חושב שיש מעשה מוסרי וציוני מזה, וזה משהו שאני בטוח לא אשכח.

...מאז יום שלישי שם יצאנו מהקיבוץ כל מה שאנחנו עושים זה אימונים אינטנסיביים לקראת כל מה שנדרש.

לא קשה למצוא את הדרייב למה שהולך להגיע. הפעם זה לא בשביל הישג אסטרטגי עמום אלא בשביל לוודא שהארגון הנורא ששלח רוצחים להרוג ילדים במיטתם לא מתקיים יותר.

מזה הדרייב שלי ושל חברי ואנחנו ממוקדי משימה כמו שלא היינו בחיים".

ערכים של עם בן 3500 שנה: ב־30.11.23, אחרי שהתארח עם צוות הקומנדו בבית משפחת צוק בכפר עזה, שלח יהונתן הודעה בקבוצת הווטסאפ המשפחתית: "אני נמצא עכשיו במשימה בכפר עזה, קיבוץ שקיבל מכה קשה במלחמה הזאת. אחת התושבות פה דיברה איתנו בטלפון והזמינה אם אנחנו רוצים להתקלח אצלה בבית...

היום גילינו ששני ההורים של אותה תושבת נרצחו ועוד שני בני משפחה נרצחו גם. ועדיין מה שהיה לה בראש כשהיא חוזרת לקיבוץ זה לא להתאבל, אלא לחשוב איך היא מוסיפה טוב ונותנת לחיילים תנאים יותר טובים.

עכשיו זה ברור לי יותר מאי פעם. עם העם הזה אי אפשר להפסיד".

המילים שאחרי המילים האחרונות

איריס חיים | אחות פליאטיבית

בימיו האחרונים שוכב האדם הגוסס במיטתו. לרוב כבר אינו מסוגל לומר מילה. לעיתים קרובות הוא נפטר בחטף, בדיוק כשבני משפחתו לא נמצאים בחדר, והם מרגישים החמצה שלא נפרדו ולא אמרו לו את מה שרצו כל עוד היה אפשר.

כאחות טיפול תומך, אני מלווה חולים סופניים ואת בני משפחתם כבר שנים רבות. שנים של צפייה בפרידות, אכזבות, תחושות החמצה, תסכול ופספוס על כך שלא אמרנו את המילה האחרונה שרצינו לומר.

אם רק הייתי יכול הייתי אומר לו ש...
הייתי אומרת לו שאני אוהבת אותו. הייתי מבקש סליחה. הייתי שר לו שוב את השיר שחיבר בינינו תמיד. הייתי מודה לו על הכול. הייתי אומרת לו שחבל שהוא לא יראה את הבן שלי מתחתן. הייתי מספר לו שסלחתי לו.

כשהחולה היה עדיין בחיים, חי בתוך גוף רדום, מחוסר הכרה, עודדתי את בני משפחתו לדבר. בעמידה ליד מיטת החולה, הצעתי להם להגיד לו כמה הם אוהבים אותו ולתת לו את ברכת הדרך למסע החדש-ישן שלו בעולם הזה.

ולפעמים, גם כאשר רוחו של האדם כבר פרחה מגופו, הייתי אומרת לבני המשפחה: "אתה עדיין יכול להגיד הכול. הוא כאן, הוא שומע אותך". הבנתי כבר אז, שכן, רוחו של האדם נמצאת איתנו פה בחדר. הבנתי שאפשר להגיד הכול, והמילים יגיעו למקום שאליו הן צריכות להגיע. הקרוב ישמע אותן וייקח אותן איתו.

לדבר לאדם שלא מגיב זו משימה לא פשוטה. לעמוד מולו ולהגיד לו מילים, או אפילו לשבת ללא אומר ולדבר מתוך הלב ללא קול, זה דבר שאנחנו לא מורגלים בו. אנחנו מרגישים מטופשים, נבוכים, מצפים לתגובה שלא מגיעה.

"כן, הוא שומע, הוא פה איתנו", הייתי דוחקת מעט בבני המשפחה שהתקשו לגשת לאדם שאינו מגיב. הייתי מעודדת אותם להתגבר על המבוכה ולדבר, כי מילים שלא נאמרו מכאיבות יותר. הן מקשות עלינו להיפרד. וכשלא נפרדים נשארת תחושת ההחמצה על כל מה שלא אמרנו לאהובנו בזמן, על כל מה שלא דובר.

ראיתי חולים סופניים שחיכו ימים ארוכים במצב של גסיסה ונפרדו מהעולם רק אחרי שאדם קרוב הגיע ואמר להם "תודה", "להתראות אבא", "להתראות אמא".

ומה אומר החולה עצמו, מהן מילותיו האחרונות?
לרוב – שתיקה ארוכה של עייפות גדולה. אנחה מלווה בכאב. בקשה לעזרה ועיניים אוהבות שמבקשות לנוח. לעיתים: "אני עומד למות?", "תהיו ביחד", "אני אוהבת אתכם", "אין לי כוח", "תנו לי ללכת", "תודה", "שלום".

המילים האחרונות שאני לוקחת מבני יותם הן המילים שהוא שלח לנו דרך סרטון הטרור ממנהרות החמאס כשהיה בשבי. "אימא, אבא, אני חזק", אמר עם חיוך קטנטן על דל שפתיו, כשהוא מפנה יד חזקה מקועקעת כלפי הלב שלו.

רק אחרי שיותם סיים את תפקידו בעולם הזה הבנתי שאין מילים אחרונות באמת. יש מילים אחרונות שנאמרו בפה ונשמעו באוזן, אבל אחריהן יש עוד הרבה מילים שאפשר לומר לאהובים שלנו, ולשמוע מהאהובים שלנו, גם כשפיזית הם כבר לא כאן.

בתפיסת העולם שלי, יותם שומע ורואה אותי. ואני, כשאני מספיק מפותחת, ערה ורגישה, אני גם שומעת אותו. כבר בימים

הראשונים של השבעה, כשנכנסתי למיטה וכיביתי את האור, הרגשתי אנרגיה עדינה בתוך המיטה. חשבתי שאולי החתול נכנס למיטה שלי אבל לא, זה לא היה חתול, זה היה משהו אחר. זו הייתה האנרגיה של יותם. ועד היום, לפעמים, כשאני קשובה מספיק לתחושות הגוף, אני יודעת לזהות את האנרגיה הזו: מין דגדוג כזה בחלק העליון של הגב, בצד שמאל בדיוק מול הלב שלי, שמסמל שיותם כאן.

יש בי ידיעה ברורה שיותם פה, כי אני כל הזמן מדברת עליו, מראה את דמותו בכל מקום, מספרת עליו. הוא נוכח כשאני עושה זאת. אני שומעת הקלטות ווטסאפ שלו מדי פעם, משאירה את הקול הנעים שלו איתי. אפילו בבחירת המילים שלי אני לא מוכנה לומר שיותם "איננו". הוא ישנו כשאני חשה אותו בלי להרגיש מגע, כשאני מאזינה לו בלי לשמוע צליל. אם אנחנו נותנים מקום לנוכחות של יקירינו שסיימו את תפקידם בעולם הזה, אם אנחנו קשובים להם, אם אנחנו מזהים שהם איתנו, תמיד נוכל להמשיך ולדבר איתם, ואין באמת סוף לשום דבר.

נווה יאיר אסולין

סמ"ר נווה יאיר אסולין ז"ל, מכרמית, לוחם בגדוד שמשון, חטיבת כפיר. נפל בקרב בצפון רצועת עזה בי' בחשוון תשפ"ה, 11.11.2024. הותיר אחריו הורים, אח ואחות. בן עשרים ואחת בנופלו.

נווה כתב את המכתב האחרון שלו ב־12.11.2023 בפתקים בטלפון. באותם ימים הוא שירת בגבול לבנון והיה לקראת כניסה קרובה לעזה. הלוחמים בגבול לבנון היו נתונים למתקפות טילים בלתי פוסקות. באחד הימים שלח נווה תמונה לאחותו ספיר מתוך הכוונת של הנשק, כשהוא מכוון אותו על מחבל בעמדת שמירה לבנונית, ומנגד המחבל מכוון עליו. הוא כתב לה: "אחותי, אני יכול למות פה בכל יום".

כעבור שנה נווה נפל בקרב בעזה. כשהוריו קיבלו את הטלפון שלו הם מצאו בו את המכתב האחרון.

עוד כמה רגעים
אתם כבר איתי פה

נווה יאיר אסולין

היום שאחריי

אני מקווה שאת הדפים האלה אני אצטרך לשרוף בסוף המלחמה ולא יהיה בהם שימוש, אבל אם כן אז לפחות שיהיה בהם שימוש טוב.

אם קראתם את זה, כנראה שהגרוע מכל קרה. אבל תדעו באמת בלב שלם, אני גאה במה שעשיתי ולא מתחרט לרגע, וחושב שזו זכות גדולה להמשיך את דרך אבותינו בארץ ישראל ולהלחם עבור האדמה הזאת ולנקום את דם אחינו היהודים שנשחטו על היותם יהודים.

אל תשקעו בעצב על מה שקרה כי אני במקום טוב יותר, ממשיך לשמור עליכם מלמעלה איפה שאין סכנה ואני יכול להגן עליכם יותר טוב.

להילחם עבור האדמה הזאת: ביום הזיכרון לחללי צה"ל 2023, פרסם נווה פוסט באינסטגרם וכתב: "מה זה להיות לוחם? זה לעשות מסעות בלי כוח בגוף, לחשוב על הדם שנשפך על האדמה הזאת כדי שנלך עליה ולקבל מזה כוח להמשיך. להיות לוחם זה לדעת שאתה תמות בשביל החבר שלידך והוא בשבילך. למה אז להיות לוחם? כי 24,213 אנשים חירפו את נפשם בשביל הארץ הזאת. כי אם אנחנו לא נשמור על המדינה הזאת, אף אחד לא יעשה את זה".

אל תשקעו בעצב: בשבעה באוקטובר נווה שירת בגבול הצפון. כששמע על ממדי הטבח שלח לחבריו סרטון בו אמר להם: "הגענו למצב קשה, אבל אין לי זמן ליפול לדיכאון. בינתיים נשמור על קור רוח, נשפר את הציוד שלנו, נתכונן לזה. כשיהיה את הזמן לדיכאון ניפול לדיכאון".

יש לי בקשה מכל הקרובים שלי - משפחה, חברים וכל עם ישראל - תהיו טובים אחד לשני, תאהבו יותר, תהיו יותר חברים, תיהיו יותר סבלניים, תהיו אנשים יותר טובים כלפיכם וכלפי הסביבה, יכול להיות שכל האסון הזה לא היה קורה אם לא הפילוג ומה שקרה לנו בעם, הרי על שנאת חינם חרב בית המקדש וכל עולמנו והוגלנו ל2000 שנים ארוכות בגלות ועד שחזרנו לאדמתנו הגיע שוב השנאת חינם ואיתה האסון הכבד הזה שחווינו.

תמשיכו את החיים, גם אם אני לא ביניכם אני עדיין איתכם ועדיין רואה אתכם ונמצא איתכם בכל מקום, גם באירועים שיהיו פה לכולם בעז"ה אני יהיה שם אני מבטיח.

תחייכו, תצחקו, תאהבו ותנצלו כל רגע בחיים כי חיים פעם אחת וזה לא קלישאה, זה האמת האמיתית.

אם כבר למות אז בעד ארץ ישראל, זה הזכות והמצווה הכי גדולה שבן אדם יכול ועוד יהודי יכול לרכוש לעצמו. הרי אומרים "מי שהציל נפש אחת בישראל כאילו הציל עולם שלם" אז אני הלכתי להציל ולשמור על כל עם ישראל ועל האדמה הזאת שאני כל כך אוהב.

תהיו אנשים יותר טובים, כלפיכם וכלפי הסביבה: במהלך הלחימה נווה חילץ חתולה לבנה מפוחדת מתוך ההריסות בבית לאהיא. הוא ביקש מהוריו שיגדלו אותה בביתו כי בעזה אין לה סיכוי לשרוד, ויקראו לה "לאהיא". החתולה הגיעה אליהם רק במהלך השבעה שלו.

הם התקשו לקרוא לה בשם המקום שבו נווה נהרג, וקראו לה "לילי". היום הם מגדלים אותה בביתם.

מי שהציל נפש אחת בישראל כאילו הציל עולם שלם: לפני שנווה נכנס לעזה, אביו אמר לו "שמור על עצמך, ותחסל הרבה מחבלים". נווה ענה: "לא מעניין אותי מחבלים, אני הולך להציל חטופים, אפילו אם זה יהיה רק אחד".

בשיחה האחרונה של נווה עם אימו בטלפון, אמר לה: "אמא, מצאתי סימני חיים של חטופים. תתגאי בי". יומיים אחר כך נהרג.

נפרד מכם, אבל לא לתמיד, רק לעולם החומרי הזה שהוא ממילא הבל הבלים, עם כמה אבסורדי שאני אומר את זה, עוד כמה רגעים ובלי לשים לב אתם כבר איתי פה, ונצחק על כל מה שקרה

ונמשיך לכם סיפורים שיהיו לכם הצוויים גם בעולם הבא

איתי עמר

סמל איתי עמר ז"ל, מכוכב יאיר-צור יגאל, לוחם הנדסה קרבית בגדוד 601, חטיבה 401. נפל בקרב בדרום רצועת עזה בט' בסיוון תשפ"ד, 15.6.2024. הותיר אחריו הורים ושני אחים. בן תשע-עשרה בנופלו.

המכתב האחרון של איתי נכתב בפתק בטלפון ב־6.5.24, רגע לפני הכניסה הקרקעית לרפיח שהתחילה באותו היום. כעבור כחודש איתי נפל בקרב בעזה לצד שבעה מחבריו.

לורין אימו הייתה נחושה לפתוח את מכשיר הטלפון הנעול שלו כדי לבדוק אם איתי השאיר אחריו מכתב. כולם סביבה אמרו לה שהמאמץ מיותר כי איתי לא היה טיפוס דרמטי ולא מתאים לו לכתוב.

לורין התעקשה: "הוא השאיר ועוד איך. אני מכירה את הבן שלי. ככה הוא היה כל חייו, מעדכן. לא יכול להיות שהוא ייכנס ולא ישאיר משהו. זה לא יהיה גרנדיוזי, אולי זה יהיה רק משפט אחד, אבל זה יהיה".

אחרי מאמצים רבים הם פתחו את הטלפון וגילו בו פתק אחרון בן שלוש מילים.

המשפחה החליטה לחרוט את שלוש המילים האלה על קברו של איתי.

צילום המסך של הפתק האחרון הפך גם לשומר המסך בטלפונים של כל בני המשפחה.

שלוש מילים

איתי עמר

תישארו שמחים בשבילי

תישארו שמחים בשבילי: כשהוריו של איתי חיפשו תמונה לשלוח לתקשורת אחרי נפילתו, הם לא הצליחו למצוא תמונה שבה הוא אינו מחייך. "הוא היה חיוך אחד גדול", מספרת אימו לורין. בסרטון שצולם לפני המלחמה נראה איתי רוקד במועדון קשישים עם חברתו לכיתה לירי אלבג, תצפיתנית שנחטפה לעזה. באחת ההפוגות מהקרבות בעזה אמר לאביו: "חייבים להחזיר את כל החטופים הביתה. אם לא אני, אז מי?"

כשהיה בתיכון הפך איתי לספר הבית של החבר'ה ובמשך שנים, מדי שישי, חצר ביתו הייתה הופכת למספרה ולמקום בילוי משותף של כל החבורה. גם אחרי מותו, החברים ממשיכים להגיע לבית המשפחה, והמספרה שממשיכה לפעול שם נשארה מקום מפגש שמח שמקיים את צוואתו.

אביעד ניימן

רס"ר (במיל') שלמה אביעד ניימן ז"ל, ממצפה יריחו, לוחם בגדוד 222, חטיבת כרמלי. נפל בקרב בדרום לבנון בכ"א בתשרי תשפ"ה, 23 באוקטובר 2024. הותיר אחריו אישה, ארבעה ילדים, הורים ואחד עשר אחים. בן שלושים ואחת בנופלו.

אביעד כתב את מכתבו האחרון בפתקים בטלפון ב־27.5.24, כשהיה בלחימה בעזה.
הוא יצא מעזה בשלום, ובהמשך נכנס לתמרון בלבנון, ונפל בקרב.

במהלך המלחמה אביעד סיפר לשיר אשתו שהשאיר לה משהו כתוב. יומיים אחרי שנפל, שיר קיבלה מהצבא את מכשיר הטלפון שלו ובו המכתב.
"הופתעתי כשקראתי אותו", מספרת אשתו. "התוכן היה מוכר לי. בהתחלה חשבתי לעצמי, אולי הוא כבר שלח לי את זה פעם? ואז הבנתי שזה מוכר לי כי אביעד מוכר לי. הוא פשוט סיכם את מי שהוא היה ואת הדברים שחשוב לו למסור לעולם".

לא לעשות אישיו

אביעד ניימן

1. לקחת את החיים באיזי. הכל בקטנה והכל עובר אבל הכל כ"כ משמעותי. לשים לב לפרטים הקטנים שרוב האנשים מפספסים. לחבר שמסתכל ומחפש עזרה ולא נעים לו לבקש או לשכן שכותב בווצאפ הודעה לא ברורה ובעצם הוא צריך עזרה ותמיכה.

2. אנשים הם רגישים גם כשהם לא אומרים. לשים לב לא לפגוע באף אחד, גם אם לך זה נראה התנהגות תקינה יכול להיות שזה מפריע למישהו אחר.

3. לדעת להכיל מורכבויות. תמיד לברר את האמת שלך ולא לוותר עליה בגלל לחצים חיצוניים, אבל כן להיות פתוח לשמוע דעות של אנשים שונים.

להשתדל תמיד לא להיות החלטי מדי ולא לקבוע את הטון, אבל תמיד לתת מעצמך כמה שאתה יכול בצניעות ובלי לדרוש טובות בעבור העבודה שאתה עושה.

תמיד לתת מעצמך כמה שאתה יכול בצניעות: בפלוגה של אביעד ניימן המציאו פועל על שמו: "לנַיימֵן".

"זה אומר להשיג כל דבר שרצית בשביל הפלוגה, ולא משנה באיזה תנאים", מסביר ידידיה חברו לפלוגה. "כורסת מסאז' לעמדה קדמית בגבול לבנון, טרקטורון לעמדות שהצבא בכלל לא מאשר לרכבים להתקרב אליהן, גנרטור ומקרר ומכונת ברד לאזור של השהייה, אשכרה מזגן לאיתור ששהינו בו בעזה, ומעל הכול – נס קפה ועד חצות, גם בתוך לבנון כשכולם מנסים לדחוף בווסט כמה שפחות ומסתפקים בקבנוס וטורטייה, והכול הכול בשביל להרים לנו את המורל".

4. כסף - לא לעשות אישיו מכסף. גם אם לפעמים יש שפע ולפעמים פחות, אבל שזה לא מה שינחה את החיים חלילה. בסוף הקב"ה מוריש ומעשיר ומה שמגיע לך אתה תקבל. בכל מקרה לחיות בתודעה של שפע זה פותח את הלב.

5. משחקים ג'יפים וטרקטורונים - הכל מגניב ומוסיף פלפל בעולם המשוגע שלנו, אבל באמת שאין על הרגעים הקסומים של לימוד תורה לשמה. של ההספק והידיעה. אין יום שלא עובר עליי בגעגועים עזים לתקופת הישיבה.

לא לעשות אישיו מכסף: אביעד היה סמנכ"ל בחברת נדל"ן. הוא הבין בכסף, ניהל עסקאות גדולות, וגם השקיע יחד עם שותפים בבניית מתחם צימרים ביישוב שבו גר. "הוא עבד קשה אבל לא עשה מזה אישיו," מספרת אשתו שיר. "הכסף היה בשבילו כמו משחק, פשוט נקודות שצריך לאסוף כדי להשיג את מה שצריך, לא משנה אם זה יגיע אליו או למישהו אחר שייהנה מזה. צריך לבנות בית כנסת, או להקים חווה, אז מוצאים את הכסף".

תודעה של שפע: "אביעד היה מראה לי כל דבר שהוא היה כותב ומתייעץ איתי על ניסוחים", אומרת אשתו. "אני הייתי אומרת לו לא לכתוב כאן 'תודעת שפע' כי זה מונח שיכול להישמע קצת רוחְניקי ומנותק מהמציאות, ואביעד אף פעם לא היה כזה. אבל דווקא על המכתב הזה הוא לא התייעץ איתי".

משחקים ג'יפים וטרקטורונים: לאביעד היה טרקטורון מגיל שש-עשרה, וכשגדל צירף לטרקטורון גם ג'יפים, ששימשו אותו ואת משפחתו לטיולי שטח רבים.

החצר של משפחת ניימן הייתה מלאה במשחקים שאביעד הביא – שולחן פינג פונג, קליעה למטרה, ומכונת ברד שהיה מוציא לילדי השכונה ומציע להם עסקת חליפין של כוס ברד תמורת לימוד משניות.

"הוא היה משתף את הילדים שלנו ושל כל השכונה, אבל באמת עשה את זה קודם כול בשביל עצמו", אומרת אשתו שיר. "הוא היה כמו ילד, תחרותי מאוד, משחק עם הילדים ולא נותן להם לנצח. תמיד משחק, תמיד מנצח".

שיר - חכמת נשים בנתה ביתה. חכמה וישרות בלי פניות ובלי מחשבות זרות. אם יש לי עוגן שמסדר לי את הראש בעולם הזה זאת את. הדאגה למשפחה שלנו גם כשקשה וגם כשאת לבד ברוב המשימות של השגרה של הבית והילדים היא לא מובנת בכלל. סליחה שלא ידעתי איך להעריך ולגמול לך על כל הטובה וסליחה שבקבעונות שלי קצת תקעתי אותך מלעבור דירה ליד הכינרת ולהגשים חלומות נוספים. מקווה שהדירה החדשה והשכונה יהיו נאים בעינייך.

חגי - חכם ונבון. רגיש וחכם שמבין את העולם. מעבר לנפש בריאה הקב"ה בטובו נתן לנו את התורה להנחות אותנו בהשקפה ובחיי היום יום. תשתדל ללמוד הרבה תנ"ך, זה מחבר אותנו לשרשרת הדורות ולמהות של עולם במלכות שדי.

צוריה - מזכירה לי את עצמי בדיוק. יש לך אופי ותכונות מיוחדות שיעזרו לך להגיע רחוק ולהצליח בכל דבר שתרצי. תנצלי את זה לדברים חיוביים. גם כשקשה תשתדלי להיות מחוברת תמיד לתורה הקדושה ולתפילה.

[...]

[...] בסיום המכתב, אחרי ההקדשות לחגי ולצוריה, אביעד כתב גם את שמותיהם של שני ילדיו הקטנים יותר, אבל לא הוסיף מילה. "אולי בזה שהוא לא השלים את הכתיבה, הוא לא לגמרי נפרד", אומרת אשתו שיר. "קיווה שלא באמת ייעשה במכתב הזה שימוש. אנחנו מחכים שהוא יחזור להשלים את החלק הזה".

אוריה איימלק גושן

סמ"ר אוריה איימלק גושן ז"ל, מירושלים, לוחם בסיירת גבעתי. נפל בקרב בדרום רצועת עזה בז' בשבט תשפ"ד, 17.1.2024. הותיר אחריו הורים ושני אחים. בן עשרים ואחת בנופלו.

ב־15.10.23, אחרי ימים ארוכים של לחימה קשה וחילוץ תושבים מנחל עוז, אוריה צילם סרטון עם מסר אחרון למשפחתו.

הוא שלח אותו לחברו עם המילים: "לא לפתוח. רק במידה ואני לא חוזר מעזה, אתה פותח ומעביר להורים ולכולם".

כעבור שלושה חודשים אוריה נפל בקרב לצד חבר נפשו אורי ג'רבי, בפעילות מורכבת שאליה התנדבו לצאת.

המשפחה קיבלה את הסרטון אחרי מותו. "בעיצומה של השבעה, קיבלנו צוואה שקשה מאוד לקיים", אומרת אימו יפית. "אבל ניסינו. ואנחנו ממשיכים לנסות".

לא בתור סיסמה

אוריה איימלק גושן

מה קורה? אני בסדר, אל תדאגו, אוהב אתכם. רק רוצה להגיד שהיה מאוד טוב ו...אני בסדר.

לא לדאוג. אני רוצה שתחייכו ותזכרו רק חיוכים, זה הכי חשוב. לחייך. כולם אומרים את זה, וזה נכון, בסופו של דבר זה מה שמשאיר אותנו, אז רק אני רוצה שתחייכו.

אל תדאגו: הפעם האחרונה שאוריה פגש את הוריו הייתה כשיצא מעזה להלוויה של מפקדו הראל איתח ז"ל. במקום לנסוע הביתה, ביקש מהוריו להצטרף אליו לניחום האבלים.

אוריה איבד חברים רבים והבין כמה קשה להתמודד עם השכול. כשנפרד מהוריו לקראת החזרה ללחימה, אמר להם: "בבקשה, אל תדאגו לי, תדאגו להם. תחזקו את המשפחות".

ובאמת, לזכור את זה, לא בתור סיסמה. אני רוצה שעם הזמן... להמשיך לחייך, כי זה מה שאנחנו. זה מה שעושה אותנו.

חיוך זה הכח שלנו, וזה הכח שלי גם

לא בתור סיסמה: אוריה לא העריך סיסמאות אלא מעשים. הוא העריץ את סיפור העלייה של הוריו מאתיופיה, שהיה כרוך בהקרבה ובמאמץ פיזי מפרך, והיה מספר עליו בגאווה בכל הזדמנות.

בריאיון שנערך איתו בעבר, אמר: "היום אני בכיתה י"ב, וכשאני יושב עם חברים ומזמין המבורגר אני מתווכח עם חבר אם להזמין צ'יפס או טבעות בצל, קולה או ענבים. אבא שלי, כשהיה חמש שנים מתחתיי, הלך ברגל מאתיופיה לסודן. כשמסתכלים על הדברים האלה, הכול כל כך חסר משמעות. יש החלטות משנות חיים, וצריך לדעת לקבל החלטות טובות".

חיוך זה הכח שלנו: בהודעה ששלח לחבריו ב־9.10.23, אחרי שלחמו בימי המלחמה הראשונים בעוטף, כתב: "וואלה אחים שלי! ...המראות שאני מניח שכולנו ראינו לא יוצאים לכם מהראש, וככל הנראה לכולנו יש חבר נעדר/הרוג, אבל, אסור לנו ליפול לתהום של הייאוש שכל כך קל להישאב אליה במצבים האלו. להיפך! אנחנו צריכים להיות חזקים בשבילם ובשביל מי שהשארנו בבית, שמתפללים עלינו ואני בטוח שלהם קשה לא פחות".

הוֹתִיר אַחֲרָיו

צור ארליך | משורר

הוּא הָלַךְ וְהוֹתִיר אַחֲרָיו –
אֶת הוֹרָיו,
אֶת אֶחָיו, אַחְיוֹתָיו,
וּמִכְתָּב.

מִכְתָּב אַחֲרוֹן מִמֶּנּוּ,
שֶׁנִּפְתַּח רַק אִם הוּא אֵינֶנּוּ.
הוּא חָשַׁב וְכָתַב וְחָטַב וְחָצַב
מִכְתַּב אַהֲבָה וְחוֹבָה וְגַם צַו,
מִכְתָּב שֶׁמּוֹתִיר אַחֲרָיו אֶת מוֹתוֹ
וְאוֹתוֹ.

הַמַּעַן נִמְצָא. הַשּׁוֹלֵחַ אֵינֶנּוּ.
וְכָל מַעְיָנָיו הֵם לְמַעֲנֵנוּ.
הַכּוֹתֵב נֶעְדַּר וְהוֹתִיר חוֹתָם חֹם.
לִפְעָמִים, הוּא כָּתַב, לֶאֱהֹב זֶה לִלְחֹם.
אַל תִּבְכּוּ לִי, כָּתַב. תְּנוּ חִיּוּךְ.
וְשִׂמְחוּ. וְצִמְחוּ.
וַחְיוּ.

מִכְתָּב אַחֲרוֹן מִמֶּנּוּ.
מִכְתָּב הַדּוֹרֵשׁ אֶת שְׁלוֹמֵנוּ,
הָאוֹמֵר מִגָּרוֹן וּמִלֵּב שֶׁאֵינָם:
לֹא חַיַּי לְחִנָּם, לֹא מוֹתִי לְחִנָּם.
אִם לָמוּת, כָּךְ כָּתוּב בּוֹ, רַק כָּכָה.
כִּי רָצִיתִי לָתֵת, לֹא לָקַחַת.
מִכְתָּב שֶׁנּוֹתַר אַחֲרָיו
מֵהָאֵשׁ, מֵהַקַּו,
מֵהַקְּרָב.

הוּא הָלַךְ וְהוֹתִיר אַחֲרָיו
אֶת אֶחָיו, אֶת רֵעָיו, אֶת הוֹרָיו,
אֶת אִשְׁתּוֹ וּבָנָיו וּבְנוֹתָיו,
עַם רָחָב
שֶׁיֵּלֵךְ בִּדְרָכָיו,
וּמִכְתָּב.

אייל מבורך טויטו

סרן אייל מבורך טויטו ז"ל, מבית גמליאל, מפקד מחלקה בגדוד 202, חטיבת הצנחנים. נפל בקרב בדרום רצועת עזה בי"ב בשבט תשפ"ד, 22.1.2024. הותיר אחריו הורים וחמישה אחים. בן עשרים ושתיים בנופלו.

אייל כתב את המכתב בקבוצת הווטסאפ שלו עם עצמו ב־30.10.23 במהלך האימונים לקראת הכניסה לעזה בהמשך אותו שבוע, ולא הראה אותו לאיש. הטלפון ובו המכתב הגיע למשפחה לאחר מותו.

אני דואג שנישאר פה לתמיד

אייל מבורך טויטו

בשביל מה אני נלחם:

*** המדינה שלי - המקום שבו כל העבר שלי נמצא בו. המהות שבשבילה אני חי.**

*** הארץ שלי - הנופים, הים, הנגב, הגליל והחרמון. כל פיסת אדמה בארץ המדהימה שלי, המקום הכי יפה בעולם.**

*** העם שלי - אחים ואחיות שלי, אלה שגרים בארץ ואלה שמחוצה לה. המשפחה המורחבת שלי שנמצאת בכל מקום שלא אהיה בעולם. מי שבשעת קושי תמיד יהיו שם לצדי.**

בשביל מה אני נלחם: אייל ענה על השאלה "בשביל מה אני נלחם" שוב ושוב, בדרכים שונות, ביומן הלחימה שכתב בתוך עזה. אייל כתב את היומן באול"ר (טאבלט צבאי מאובטח), וגיבה חלקים ממנו בתמונות בטלפון. בפיצוץ שבו נהרג אייל הושמד האול"ר, אך בזכות הגיבוי חלק מקטעי היומן הגיעו למשפחתו אחרי מותו.

ב־7.11 כתב:

"עמית, מ"כ שלי, שאל אותי היום מה ה-דבר שגורם לי לזכור למה אני עושה את כל זה.
האמת שהשאלה הזו התקילה אותי. אני נמצא כבר כ"כ הרבה זמן בשגרה הזו של הצבא שזה הפך להיות רוטינה, דבר של הרגל שכבר הפסקתי לחשוב עליו ביומיום.
אני חושב שהגעתי לנקודה שאין לי את ה-דבר הזה שמזכיר לי למה אני פה.
המכלול של כל הסיבות הוא הלמה שלי.
אמא ואבא, אחים שלי, סבא וסבתא, הבית שלי, הצוות, העם והמדינה. כל זה על רגל אחת. על כל אלה אני אסיר תודה, ומוכן להילחם עבורם כמו שאני נלחם בימים אלה."

* החברים שלי - האנשים שאני אוהב, שמשמחים אותי ודוחפים אותי קדימה, מצפן ערכי בגובה העיניים.

* הצוות שלי - האחים הקטנים שלי. האנשים שאני הכי אוהב בעולם. מי שאני מוכן לחטוף את הכדור בשבילם, ויותר חשוב מזה, מי שאני מוכן לחיות איתו ובשבילו. כולנו ביחד עד הסוף, יוצאים ביחד וחוזרים כולם יחד.

* המשפחה שלי - אמא שלי, אבא שלי, סבא וסבתא שלי, האחים והאחיות שלי. נוף ילדותי, האנשים שגידלו וגדלו איתי, והם הכל בשבילי.

* סבא שלי - שעלה ארצה לשם הציונות, בנה את ביתו במושב קטן ונידח מתוך חלום ליישב את האדמה. בנה משפחה לתפארת, וחינך אותם לערכים של רעות, משפחתיות וציונות אדירה. סבא שלי לחם והתעקש להגיע לפה, אני דואג לזה שנישאר פה לתמיד.

ב־18.11 כתב:

"באיתור סמוך אלינו מצאנו מחסן אמל"ח מטורף. מלא נשקים מטענים וטילים. בזכות הפעילות הזו היום הצלחנו להציל המון אנשים(...)

אתמול ביצענו כיבוש בתל אל הווא. מקום משמעותי עם הסטוריה גזרתית גדולה מאוד. זכור לי מאוד המור"ק של בניה שראל מעופרת יצוקה פה. המחשבה שאני עכשיו מבצע מה שהוא עשה לפני 15 שנים מעצימה אותי מאוד."

ב־24.11 כתב:

"הבוקר נכנסה לתוקף הפסקת האש שבמסגרתה חוזרים לארץ 50 חטופים ישראלים. אי אפשר להתכחש לעובדה שלנו יש חלק בדבר הזה. אני המון פעמים מרגיש שרק כשאגיע חזרה לארץ אצליח לעכל את סדר הגודל של מה שאנחנו עושים פה".

* אחיין שלי - הילד הקטן, היפה והחכם. שיגדל, יהפוך לגבר ערכי ובעל מוסר. יגדל במקום טוב יותר.

* הסגל שלי - המפקצים המקבילים, הסמל שלי. האנשים שחיים איתי יום-יום, מכירים אותי ויודעים מה אני עובר.

אלה שתמיד יהיו שם לצידי, ותמיד אהיה שם לצידם. גם בשגרה ובמיוחד בלחימה.

איתי פריזט

סמל איתי פריזט ז״ל, מפתח תקווה, לוחם בגדוד שקד, חטיבת גבעתי. נפל בקרב בצפון רצועת עזה בא׳ בחשוון תשפ״ה, 2.11.2024.
הותיר אחריו הורים וארבעה אחים.
בן עשרים בנופלו.

איתי כתב את המכתב האחרון שלו בטלפון הנייד ב־17.3.24, לפני כניסתו הראשונה לעזה למבצע מורכב בבית החולים שיפא.

הוא שלח את המכתב לחבריו ראם ורועי וביקש מהם: ״שמע אחי, אני שולח לך ולראם הודעה, לא לקרוא אותה. זה אך ורק אם חלילה יקרה לי משהו, תעבירו להורים וזה. סבבה?״

כשרועי ניסה להרגיע אותו שיהיה בסדר, איתי ענה: ״אני רגוע. סתם רק למקרה ו... אני באמת רגוע״.

אחרי שאיתי נפל רועי סיפר למשפחתו על המכתב. הם ביקשו ממנו לא להראות להם את המכתב לפני הלוויה, אלא להקריא אותו בהספדו.

כשרועי ספד לאיתי בלוויה הוא הקריא את המכתב במלואו והוריו של איתי שמעו לראשונה את מילותיו האחרונות של בנם יחד עם כל הקהל.

לא, אני לא מתחרט

איתי פריזט

טוב, לא מאמין שאני רושם הודעה כזאת למקרה שיקרה לי משהו. איזה מופרך זה לחשוב על זה ומוזר.

קודם כל המשפחה שלי, אמא אבא סער נועם אדל אריאל, האנשים שתמיד יהיו שם בשבילי.

אמא ואבא, כל החיים שהייתי צריך הייתם שם איתי, בכל מקום וכל זמן. אני מעריך את זה תמיד, גם כשאנחנו רבים. תמיד, אבל תמיד, אני אוהב אתכם ואתם האנשים הכי חשובים לי.

סער נועם אחיי הקטנים, אני אוהב אתכם יותר מהכל ושמחתי לראות את כל אחד מכם מתעצב לו ובונה את עצמו לאט לאט. אני יודע שיכולתי להיות אח יותר טוב, יותר מכיל ויותר עוזר, אבל אני אוהב אתכם.

אדל אחותי היחידה, אני אוהב אותך. את מעלה בי חיוך כל פעם שאני רואה אותך. מקווה שאת תגשימי את עצמך בעתיד ותהפכי לאישה מצליחה. את פראיירית לא קטנה, את מזכירה לי את עצמי רק שאת ילדה.

ואריאל אחי הקטן ביותר, אני מחכה לחזור הביתה ולתת לך חיבוק. לא אתן...

הבאת לי אור, כל פעם שטיפה אני עצוב או עצבני אני מסתכל על התמונה שלך בטלפון שלי ואני מחייך, אני באמת אוהב אותך יותר מכולם ואתה האור שלי.

סבא וסבתא,

מאז שאני קטן תמיד דאגתם לי וגידלתם אותי. תמיד נתנתם לי אהבה יותר ממה שנותנים בדרך כלל. אתם הייתם חלק עצום בחיים שלי, במיוחד אתה סבא אלי, הסבא הזה שכל פעם שהייתי צריך היה שם, לקח אותי לכל משחק גם אם זה היה בקצה השני של הארץ. תמיד היית שם ותמכת בי אין בעולם מישהו שאני אוהב כמוך, וסבתא גם את תמיד תמכת והיית שם. אוהב אתכם מאוד.

סבא יחזקאל

הסנדק שלי, אני אוהב אותך מאוד, היית שם שהייתי צריך, תמיד דאגת לעתיד שלי ורצית את הכי טוב בשבילי. אני באמת אוהב ומעריך אותך מאוד על זה.

למשפחה השנייה שלי, החברים מהבית - "חתיכי":

אפשר להגיד שהדבר הכי טוב בחיים שלי זה שעברתי לכיתה שלכם, הכרתי חברים לכל החיים, תמיד הייתם שם כשהיה קשה.

שעברתי לכיתה שלכם: כשאיתי היה בכיתה ו' הוא עבר כיתה ונפרד מהחברים שליוו אותו מהגן.

"לא רק שהוא השתלב מהר", מספר יניב אביו, "הוא גם היה אומן בלחזק את כל הילדים האאוטסיידרים. איתי היה בגובה שני מטר, והיה מרים את כל מי שהיה לו חוסר ביטחון. כל מי שהיה לידו הרגיש חזק יותר".

נכון, יש כאלה שאנחנו פחות בקשר, יש כאלה שאנחנו יותר בקשר, אבל החבורה הזאת זה משהו מיוחד ואני אוהב אתכם, אתם אנשים כאלה טובים והחברים הכי טובים שיכולתי לבקש.

קלדה, ראם, אפק - האנשים שהיו הכי קרובים אליי מאז הגיוס, ובכללי אף פעם לא עזבנו זה את זה, אין לי יותר מדי מה להגיד, אני פשוט לא הייתי מאחל לעצמי חברים יותר טובים מכם.

החבורה של פאדבול ב־22:00:

תמיד צחקנו על זה שבחיים לא היינו מאמינים שנהיה בקשר כזה טוב אחרי הבית ספר, אבל בסוף הפכתם להיות האנשים שאני יוצא הביתה אני מחכה לראות. אוהב אתכם בכמויות (אדר הנזל ירין ועידו).

וכמובן החברים מהמחלקה שלי, הפכתם לאנשים שאני לא יכול בלעדיהם. הפלוגה והמחלקה הזאת בדם שלי ואני אוהב אתכם.

החבורה של פאדבול ב־22:00: "כשהיינו קטנים, היינו פותחים לכל דבר קבוצת ווטסאפ", מסביר רועי חברו הקרוב של איתי. "היינו משחקים פאדבול בשכונה וזאת הייתה קבוצה שמיועדת לקבוע מתי הולכים ומי בא. הקבוצה של פאדבול ב־22:00 היא בעצם קבוצה של כמה חברים מתוך הקבוצה השנייה ("חתיכי") עם עוד חברים שאיתי צירף לאורך הדרך, שהפכו למשפחה לכל דבר".

אני יודע שאם תקראו את ההודעה הזאת, אני כנראה במקום שקט וכבר לא איתכם.
אני מקווה שתמשיכו את החיים, שתעזו ותגשימו את עצמכם בלי לפחד גם אם זה מפחיד. לא, אני לא מתחרט על שום דבר שעשיתי, במיוחד שלא על זה שהתגייסתי לקרבי ונפלתי בשביל המדינה. אני גאה להיות חלק מחטיבת גבעתי. אני גאה להיות לוחם

וגאה להיות חלק מהחיים שלכם. אוהב אתכם!

אני גאה להיות לוחם: כשבוע לפני פרוץ המלחמה איתי שבר את ידו ושוחרר מהגדוד לתקופה ארוכה. בשבעה באוקטובר כתב למפקדו:

"אני רוצה לבוא לעזור בכל צורה ובכל דרך, אם יש את האופציה גם לחבור אליכם אני רוצה ממש להיכנס איתכם ולהיות איתכם. תן לי רק אישור ואני מגיע. היד שלי לא כואבת כל כך אם זה פקטור.

אפילו בכלל.

תעדכן."

שהם משה בן הרוש

סמ"ר שהם משה בן הרוש ז"ל, מחיספין, לוחם בסיירת נח"ל. נפצע בקרב על מוצב כרם שלום בשבעה באוקטובר ונפטר מפצעיו בי"א בחשוון תשפ"ד, 26.10.2023. הותיר אחריו הורים וחמישה אחים. בן עשרים בנופלו.

המכתב האחרון של שהם נכתב ב־3.7.23, שלושה חודשים לפני פרוץ המלחמה, לקראת כניסה למבצע 'בית וגן' לסיכול טרור בג'נין. לפני הכניסה הכין המפקד את שהם וחבריו הלוחמים לכך שאולי לא כולם יחזרו בשלום מהמבצע המורכב. שהם, שלא היה אדם כותב, החליט אז לכתוב את מכתבו האחרון.

בשבעה באוקטובר שהם לחם בקרב ההגנה על מוצב כרם שלום ונפצע אנושות.

בתקופת האשפוז, כשהיה ללא הכרה, משפחתו לא עזבה את מיטתו. אורי אחיו פתח את מכשיר הטלפון של שהם כדי להשמיע לו ממנו שירים שאהב, ונתקל בקבוצת הווטסאפ של שהם "אני ועצמי" שבה היה טקסט אחד בלבד. אורי, שרצה להאמין ששהם עוד ישתקם ויחזור לחיים, לא התעכב על המילים.
כעבור שלושה שבועות שהם נפטר מפצעיו. רק חצי שנה לאחר פטירתו של שהם, ביום הזיכרון לחללי צה"ל, התכנסה המשפחה וקראה את המילים יחד לראשונה.

זה מה שיפה בעולם, שהוא לא יפה

שהם משה בן הרוש

העולם מעוות, העולם לא תקין, העולם מפחיד, העולם מלא בדברים שאתה לא יודע. העולם מוזר, העולם שגוי, העולם דפוק

אבל אפילו עם כל החסרונות שלו העולם יפה, העולם פתוח בשבילנו לגלות אותו, העולם פתוח להצעות וזה בדיוק מה שיפה בעולם, שהוא לא יפה.

אני יודע, זה משפט קצת מצחיק, אבל אני אוהב את העולם שאני חי בו. אני אוהב את הרגעים שאני מבלה בו, אני אוהב את כל התחושות שאני מקבל ממנו, את כל החוויות שהוא נותן לי, את כל הניסיון שהוא מעביר אותי, כי אחרי הכל זה העולם שלנו. זה העולם שאני מבלה בו את החיים שלי, את כל הזמן שלי ואת כל הרגעים שלי...

אז אני רוצה לומר לעולם משהו.

אתה מוזר לי, אתה אחר לי, אתה לא ברור לי, אתה שונה לי, אבל תודה לך. תודה שאני חי בעולם שונה, בעולם לא רגיל, בעולם מפחיד, באמת תודה!

אני לא רוצה לחיות בעולם אחר. אני רוצה לחיות בעולם הזה, בעולם המעוות והלא תקין הזה.

תודה לך שאתה מעביר אותי בניסיונות, תודה לך שאתה נותן לי כח. תודה לך שנתת לי אהבה, שנתת לי הורים, שנתת לי חברים, שנתת לי בית,

שנתת לי חיים

אני רוצה לחיות בעולם הזה: הפציעה הקשה של שהם גרמה לו למוות מוחי. אחרי מותו משפחתו תרמה את איבריו לחמישה אנשים, שממשיכים לחיות בעולם הזה בזכותו.

תודה לך שאתה נותן לי כח: בשבעה באוקטובר, ברגעי הפשיטה הראשונים של מחבלי חמאס על מוצב כרם שלום, הכאוס היה אדיר. שהם ושניים מחבריו היו הראשונים להתעשת, להסתער ולהשיב אש, וניהלו קרב בלימה הרואי.

הנה, הנה, כפות ידיים

ד"ר מיה טבת דיין | משוררת וסופרת

א.

איש לא השאיר לי מילים אחרונות, מכתב פרידה. לא אימי, הגם שכתבה יומנים כל חייה ושמתה לאחר חודשי מחלה רבים. לא סבתי, שלאורך כל ילדותי כתבה לי מכתבים ושלחה אותם במעטפות דקות עם בול מקיבוץ כינרת לתל אביב. לא חברת נפשי אורית, שהכינה לפני מותה חבילת מכתבים לילדה הצעיר, לכשיגדל, והיה ברור שלכתוב לו זה הדבר החשוב ביותר. ולכן אני שבה וקוראת את המילים שהן כתבו לי במהלך החיים, ומתייחסת אליהן כאל צוואה שבדיעבד. כאילו הוטמן בהן איזה מסר סמוי, או הוראות ומילות אהבה להמשך הדרך, בלעדיהן.

ב.

אני שומרת פתק שבו אימי רשמה לעצמה את סיסמתה לתיבת הדואר האלקטרוני; מסתבר שהיא הייתה שילוב של שמה, שמי ושם אחי הצעיר – עפרהמיהדן. אני שבה וקוראת מכתב שאורית כתבה לי בגיל שלושים ובו היא מזכירה לנו לעולם לא לוותר על עצמנו. אני חוזרת לדף שנתלש ממחברת של סבתי ובו שיר ילדים ביידיש בכתב ידה – אני זוכרת את אחר הצוהריים בקיבוץ שבו דקלמה בפניי לפתע את השיר הזה, שאימה דקלמה באוזניה כשהייתה ילדה. ביקשתי שתכתוב את המילים. כתב היד שלה כבר רעד. היא הייתה אז בת תשעים ושבע: קוסי קוסי הנטלך / דער טאטע וועט קייפן שובאלאך / די מאמע וועט שטריקן זעקאלאך / און סוועט זיין אגיזונד אין די בעקאלאך. הנה, הנה, כפות ידיים / אבא יקנה נעליים / אימא תסרוג גרביים / ותהיה לנו בריאות בלחיים.

ג.

מדוע ברגע ההוא, חודשים לפני מותה, היה חשוב לה להעביר אליי דווקא את שיר הילדים הזה, דווקא המילים הללו?

זאת לא צוואה. לא מכתב אישי. הברכה שטמונה בו, לאיזה סדר משפחתי פשוט, יציבות ואיזון ובריאות ביומיום, מתחברת לאורח החיים של סבא וסבתא שלי, ובכל זאת, סבתי המשכילה, הקוראת הבלתי נלאית, לימדה אותי דברים עמוקים מזה, ספרות והיסטוריה ודת.

כשאני מחפשת, אני לא מוצאת מידע על השיר הזה. לא בספרים, לא במאגרי תרבות יידיש, לא בקולנוע. איש בסביבתי לא נתקל בו. אולי אחת מאימהות השושלת שלנו המציאה אותו בכלל? ואולי היה נפוץ בעיירות היהודיות ליד וילנה, מקום הולדתה של סבתי? ומה אם להעביר אותו אליי היה מוצא בהול אחרון, כלומר, מה אם כל מי שדקלמו אותו זקנו כבר ומתו, או נרצחו בשואה?

שתים עשרה שנים לאחר מותה של סבתי אני מגלגלת אותו בפי. כמה אחריות יש לנו על מילים אחרונות.

ד.

לאחר שאימי מתה נרשמתי לקורס תקשור. התקשיתי להסכים עם כך שלא יהיו לי יותר מילים ממנה. בעקבות הקורס חזרתי לשמוע אותה, בצורה חדשה, ממקומה החדש. אבל גם נזכרתי באמת העתיקה של העולם הזה: דבר אינו נגמר. לא הגשם, ולא הפרחים, ולא העננים, לא הבתים שבהם אנחנו גרים, ולא הפרפר. גם כשדבר מה מת או נהרס, הוא נשאר על פני הכדור, רק משנה צורה. המים מתאדים, והענן הופך לגשם, הבית מתפורר, הפרח מתייבש, הגשם נספג שוב באדמה. איך אפשר בכלל להניח שבעולם שבו דבר אינו נגמר, רק דבר אחד מתנהג אחרת: הנשמה האנושית, אותו גוף אינפורמציה. איך אפשר להניח שהיא היחידה שמתפוגגת ללא שוב?

מה שכיניתי מוות התברר כראשיתו של דיבור חדש, ראשיתן של מילים אחרות בעולם.

ה.

אני חושבת על המילים "ויהי אור". על העולם שהיה קיים כבר בצורה של תוהו ובוהו, חשיכה ותהום, עד ששתי מילים אלוהיות סימנו את הסוף ומייד אחריו את ההתחלה. "ויהי אור". אולי עד היום זה טיבו של העולם שנברא במילה? אולי כך ממשיך הכול להיברא ולהשתנות, ממילים שנאמרות על התפר? אני קוראת את מכתביהם של החיילים הנופלים, צוואות חיות, הדיו על הנייר לא התייבשה עדיין, אני מתכווצת מול החיים הצעירים שנגדעו, ועדיין לא מפסיקה לחוש את פעימות הטקסט מלאות החיים: הטקסטים הללו הם "ויהי", הם "אור". אדם נעלם מהעולם באבחה של שנייה, אבל רגע לפני ארז עבורנו כמו צידה אנרגטית להמשך החיים את האנרגיה של "ויהי", ואת האנרגיה של "אור". כשאני קוראת את המכתבים הצעירים הללו, הם מחזיקים ידע עתיק. אני לא מצליחה להשתחרר מהתחושה שהם ידעו. הם ידעו את מה שאני רק עכשיו, באמצעות המילים שלהם, מפענחת.

ו.

אני חוזרת לשיר היידיש שהשאירה לי סבתי. האבא, האימא, גרביים, נעליים. מילים ילדיות על התפר, רגע לפני שסבתי עזבה את גופה, שינתה צורה. הברכה והאהבה וההבטחה. כמה דורות דקלמו אותו עד שהגיע אל סבתי-הילדה וממנה אליי? מאה ועשר שנים לאחר הולדתה אני חופנת אותו כמו שמחזיקים לב. אוחזת במילים שהיה דחוף לה שאקח איתי כצידה לדרך. כשזמנה התקצר והיה עליה לברור. אלו המילים שבחרה להעביר אליי בסוף שלה, כשהייתה אחראית כמו אלוהים בעצמו בעת הבריאה. ראתה בבהירות את הסוף. את ההתחלה. סומכת עליי, שאזכור שהעולם נברא במילה. שאדע בבוא היום לנהוג כמוה.

אפרים יכמן

סמ"ר אפרים יכמן ז"ל, מנווה דניאל, לוחם בגדוד שקד, חטיבת גבעתי. נפל בקרב בצפון רצועת עזה בט"ו בטבת תשפ"ד, 26.12.2023. הותיר אחריו הורים ושישה אחים. בן עשרים ואחת בנופלו.

לאורך כל שירותו הצבאי אפרים כתב יומן אישי.
במהלך האימונים לקראת הכניסה לעזה, כתב ביומן את מכתבו האחרון.
ביציאה האחרונה שלו הביתה אפרים השאיר את היומן בבית ולא החזיר אותו איתו לבסיס כהרגלו.

במהלך השבעה מצא אחיו את היומן ובסופו מכתב הפרידה שכותרתו הייתה "אמא".

אל תהיו עצובים יותר מדי

אפרים יכמן

אמא

אמא אם זה הגיע אליכם, סימן שאני לא איתכם.

אמא תהיו חזקים, אוהב אתכם מאוד: אבא, אמא, אלישבע, בנימין, יוסף מאיר, חנה אסתר, אביגיל, רבקה הודיה. וכל הסבים והסבתות, הדודים והדודות, בני הדודים וכל החברים וכל עם ישראל. תתעסקו בלהתקדם ואל תהיו עצובים יותר מדי. רצון ה' היה מה שהיה.

אמא תגרמו לרע להוביל ליותר טוב. תשתדלו להיות אמיתיים עם עצמכם, תמצאו בכך שאתם אוהבים ושתורמים מאוד לעולם.

תעבדו את ה' מכל הלב. תעזרו אחד לשני, טובים השניים מן האחד.

אמא: בכתב היד לא ברור אם נכתב "אמא" או "אנא". אם הכוונה היא ל"אמא", זו הפעם החמישית במכתב הקצר הזה שאפרים פונה לאימו.

תשתדלו להיות אמיתיים עם עצמכם: כשיצא לאזכרת השלושים של חברו הטוב איתן רוזנצוויג שנפל בקרב בעזה, אפרים ביקש זמן לבד וכתב לעצמו את המילים:

"נשימות עמוקות, צעד צעד, עוד נעכל ונדע מה לקחת על עצמנו, מה נכון לעשות. צריך לדעת להתמקד במה שמעניין אותך, צריך להיות אמיתי וכנה, צריך את היכולת להגיד טעיתי, צריך להתמודד... הריני מקבל על עצמי שלא אביט על משהו ואגיד 'אופס לא שמתי לב'. שאקשיב ואדגיש ואמצא את הנקודות היפות, את נבכי הלב".

טובים השניים מן האחד: כשאפרים פונה לבית החולים אחרי שנפצע קשה הוא עדיין היה בהכרה. הדבר הראשון והיחיד ששאל היה אם כל החברים בסדר. שעות ספורות אחר כך מת מפצעיו.

לחברים: סומך עליכם, יש לכם הרבה פוטנציאל.

תמשיכו! ענווה ענווה ענווה

ענווה ענווה ענווה: כשאפרים היה מדריך בתנועת נוער הוא וחניכיו כתבו מכתב לעצמם וקבעו לפתוח אותו רק כעבור חמש שנים.

בקיץ האחרון, אחרי נפילתו, הגיע המועד והם פתחו את המכתב בלעדיו. תחת השאלה על תכונות האופי שלו, משפחתו נדהמה לגלות שהבן העניו שהכירו כתב על עצמו "גאוותן".

"העבודה על התכונה הזו הייתה משימת חייו", אומרת אימו. "הוא מת עניו, ואלה שלוש המילים האחרונות שבחר".

אסף מסטר

סרן אסף מסטר ז״ל, מקיבוץ בחן, לוחם וקצין ביחידת יהל״ם ומפקד מחלקה בגדוד הנדסה קרבית 601. נפל בקרב בצפון רצועת עזה בב׳ בכסלו תשפ״ד, 15.11.2023. הותיר אחריו הורים, שני אחים ובת זוג. בן עשרים ושתיים בנופלו.

אסף כתב את מכתב הפרידה שלו בפתקים בטלפון ב־18.10.23, ביום שבו הודיעו לו ולחבריו שבקרוב תתחיל הכניסה הקרקעית שלהם לעזה. לאחר מותו התגלה במכשיר הטלפון שלו המכתב, שנשמר תחת הכותרת ״למשפחה שלי״.

אני קצת מפחד אבל אני שלם

אסף מסטר

למשפחה שלי

זהו, נגמרו השבועיים של הארגונים, של הבלאגן, שטחי כינוס באח נחל צאלים ג׳וליס וכו וכו וכו.

נכנסים.

לא תכננתי לכתוב משהו מרגש שחנן בן ארי יעשה מזה שיר כי אני חוזר עוד שבוע הביתה וחוגג יומהולדת בבית, לא יודע מה חשבתי.

אבל בכל זאת אנסה.

שחנן בן ארי יעשה מזה שיר: חנן בן ארי כתב את השיר ׳לילה טוב שון׳, המבוסס על מכתבו האחרון של שון מונדשיין ז״ל שנפל בצוק איתן. אסף וגילי בת זוגו התרגשו בכל פעם ששמעו את השיר, אבל אסף אומר כאן שהוא לא רוצה להפוך לשיר הבא.

בטח כבר כמה ימים לא ראיתם עדכונים בקבוצה ואולי ראיתם בטלויזיה שהגדוד עשה משהו ואתם מבינים שאני חלק מזה.

בטח אתם עכשיו יושבים בפאניקה ובמתח ורק מחכים לצלצול.

אני רוצה להגיד לכם שאני הכי הכי שלם בעולם במקום שאני נמצא בו.

כן, אני קצת מפחד, והייתי מעדיף אולי שלוחמי יהלום יקיפו אותי, אבל אני שלם.

עדכונים בקבוצה: ב־9.10.23, אחרי ימי לחימה קשים בעוטף, אסף פתח קבוצת ווטסאפ בשם "עדכוני אסף" וכתב: "שלום לכולם. פתחתי את הקבוצה הזאת עם בן אדם מכל מסגרת שיקרה לי. אני אשלח פה מדי פעם עדכון על מה קורה ושהכל בסדר. ככה תוכלו לעדכן את האחרים ואני אוכל לקבל פחות הודעות מכל העולם".

כשאסף היה בלחימה בלב עזה, בלי טלפון, כתב באחד הימים מכתב בכתב יד ושלח אותו להוריו עם הרס"פ:

"בטח אתם נגמרים שם בחוץ עם האי ודאות והנתק...

אני אתחיל ואגיד קודם כל שאני בסדר, לגמרי בסדר.

עייף ומבולבל, קצת שפשפת ופצעים אבל חוץ מזה באמת בסדר. המורל גבוה, יודעים למה אנחנו כאן ומבינים (...)

בקרוב נשב כולנו לארוחת שישי כמו שצריך.

תמשיכו להיות חזקים בשבילי ובשביל כולם.

ותזכרו שאני שומר על עצמי ושומר עליכם".

עשרה ימים אחר כך, אסף נפל בקרב.

הייתי מעדיף אולי שלוחמי יהלום יקיפו אותי: אסף היה לוחם ביחידת יהל"ם, ובסיום קורס קצינים שובץ לתפקיד ראשון מחוץ ליחידה כקצין בגדוד 601. את התפקיד הבא שלו היה אמור להתחיל ב־8.10 ובסיומו לחזור ליחידה שאהב, אך המלחמה שפרצה יום קודם שינתה הכול.

אסף ידע שהוא יוצא לקרב לא בתוך הצוות והיחידה שבה גדל ועליה סמך כל כך, אלא כקצין בגדוד אחר. הוא מבטא כאן בכנות את החשש הזה ובו בזמן מעיד שהוא שלם עם התפקיד, המשימה, המקום והזמן.

אני גאה לעשות את מה שאני עושה, ואני יודע בלב שלם שאני עושה את הדבר הכי חשוב שאני יכול לעשות בגיל, בטיימינג ובמקום.

אני רוצה להגיד לכם תודה, תודה שהבאתם אותי לנקודת הזמן הזאת ולהיות מי שאני.

בלעדיכם לא הייתי מי שאני היום.

[...]

לחברים, כולם, עומרה ונדב, צוות, זכריה, כולם. אוהב אותך בארגזים. תודה שנתתם לי להיות מי שאני ולהרגיש איתכם הכי חופשי שיש. לשתות לצחוק להנות ביחד.

תכלס כל מה שכתבתי חבל על הזמן, אף אחד לא יקרא את זה אף פעם, עוד חודש אני מתחיל בחץ את תפקיד חיי.

אוהב את כולם

שמעון אסולין

רס"ל (במיל') שמעון יהושע אסולין ז"ל, מבית שמש, לוחם הנדסה קרבית בגדוד 924, חטיבת הראל, ובהמשך בחטיבת הצנחנים 646. נפל בקרב בדרום רצועת עזה בכ"ד בשבט תשפ"ד, 3.2.2024. הותיר אחריו הורים ותשעה אחים ואחיות. בן עשרים וארבע בנופלו.

שמעון התחיל לכתוב את מכתבו האחרון בפתקים בטלפון במהלך המלחמה.

הוא לחם מאז השבעה באוקטובר, ולאחר שהוא וחבריו שוחררו משירות המילואים התעקש להתנדב ולחזור ללחימה והצטרף לגדוד צנחנים שלחם בחאן יונס.

ב־31.1.24, לקראת כניסתו לעזה בפעם השנייה עם הצנחנים, השלים את כתיבת המכתב וסיפר עליו לחבר קרוב.

לאחר שלושה ימים נפל בקרב.

תקנו ערכת קריוקי לחבר'ה מדימונה

שמעון אסולין

הכסף שלי חצי ל [...] וחצי ל [...] לשקם את העסק.
תקנו ערכת קריוקי טובה לחבר'ה מדימונה (בכסף שלי כמובן)

ששמעיה דויד ואברהם ירגישו נעים להמשיך להילחם (אני הייתי גם ממשיך)

אבא ואמא, אני אוהב אותכם. תודה על הנתינה כל החיים,

לשקם את העסק: אחיו של שמעון שירת כמ"פ במילואים, ופעילות החברה החדשה שהקים נעצרה בעקבות הלחימה הממושכת וההיעדרות הארוכה מהבית.

תקנו ערכת קריוקי טובה לחבר'ה מדימונה: שמעון היה חלק מחבורה של כחמישה-עשר חברי נפש מהתיכון בדימונה, שנהגו להיפגש לערבי שירה וקריוקי. לאחר מותו, החברים קיימו את צוואתו וקנו ערכת קריוקי. מאז הם מעבירים אותה בין בסיסים כדי לעשות שמח.

ששמעיה דוד ואברהם ירגישו נעים להמשיך להילחם: שניים מאחיו של שמעון משרתים כמפקדים במילואים והשלישי לוחם בסדיר. את הבשורה על מותו הם קיבלו בעודם בלחימה בגזרות השונות.

כפי ששמעון ביקש במכתב, לאחר מותו הם חזרו להילחם.

אתם אנשים חזקים, אין עניין להתאבל הרבה,

תהנו ותמשיכו לחיות,

אני מבסוט למעלה ויהנה לראות אותכם שמחים, ויקפוץ מדי פעם לשמוח איתכם שלא ייפול לי על השנ"צ.

[...] נהניתי מאוד בזמן איתך, תמיד הערצתי אותך והיה לי משמעותי הקשר איתך.

[...] יש לך מידות מדהימות וכוחות לכבוש כל מטרה שתרצי.

לחבורה מדימונה, אני אוהב אותכם אחד אחד, הייתם כמו משפחה שנייה בשבילי, תמשיכו להנות ביחד...

[...] מאוד נהניתי בזמן איתך, תודה על זה. את בחורה מדהימה, תעופי על החיים. כל גבר ירצה אותך.

עד הנצחון, סוף

את בחורה מדהימה: כחודש לפני שנפל, שמעון הכיר בחורה והקשר איתה הלך והעמיק. בסופו של יום ארוך שבו טיילו יחד השלים שמעון את כתיבת המכתב, וסיים אותו במילים שמוקדשות לה.

כְּשֶׁאֲנַחְנוּ קוֹרְאִים אֶת הַמִּלִּים הָאֵלֶּה

הגדולה והקשה באהבות

ד"ר רוביק רוזנטל | סופר וחוקר שפה

מה מתרחש במחשבותיו ובנפשו של אדם צעיר הנפרד ממשפחתו לקראת מותו האפשרי?
אני קורא במכתבים ומחפש מה יש בהם, ומה אין בהם.

מה שאין במכתבים מהדהד. אין בהם אימה. מוות אפשרי במלחמה הוא חלק מארגז הכלים של הכותבים, חלק מן הזהות החיילית. אימת המוות האפשרי מסרבת לפרוץ את התבנית הזו. בכמה מן המכתבים מבצבץ הפחד, אבל הוא נדחק ומוכחש. אולי זו הדרך היחידה להילחם: להכחיש את הפחד וכך לגבור עליו. מורשת גורודיש:

"אל המוות הישרנו מבט – והוא השפיל את עיניו".

שלא כמו השוכבים על ערש דווי, מֵמֵתֵי המלחמות ניטלה הזכות להיפרד במבט, בחיבוק, במילה. המוות במלחמה הוא מוות פתאום.

"מוֹתִי בָּא לִי פֶּתַע
וְאֵינִי זוֹכֵר אִם בְּרַעַם הָאֵשׁ
אוֹ בֵּין קִירוֹת הַפַּח הַזּוֹעֲקִים,
אוֹ שֶׁמָּא בַּלָּבָן-לָבָן הַדּוֹמֵם לְבַסּוֹף.
עַכְשָׁו
אֲנִי
אֵינִי זוֹכֵר."

את המילים האלה כתב יוסף שריג מקיבוץ בית השיטה כמה חודשים לפני מותו בקרבות מלחמת יום כיפור.

מילות הפרידה של אחי גידי זלגו במנהרת הזמן ותיעדו את האימה שחווה כישראלי צעיר במדינה שצעירים כמוהו מתים בה במלחמות בלתי פוסקות. הן נכתבו בשירים שכתב, שירי

צוואה: "הַמָּוֶת בִּקְצוֹת מַחְשְׁבוֹתַי מְקַנֵּן/ זוּג עֵינָיו בּוֹהֲקוֹת זוֹקֵף הוּא מִתּוֹךְ/ נִשְׁמָתִי הַשְּׁלֵוָה כִּבְיָכוֹל וּבוֹחֵן/ הַהִגִּיעָה שְׁעָתִי הַחֶשְׁבּוֹן לַעֲרֹךְ".

היונה שליטף, רמז להיותו חבר בתנועות השלום, לא חזרה אליו, "וַדַּאי חוֹשֶׁשֶׁת כִּי תַּכְתִּים/ כְּנָפֶיהָ הַצְּחֹרוֹת כַּשֶּׁלֶג/ בְּיָדָיו שֶׁדָּם מָלֵאוּ".

ביום שבו יצא למלחמה, בשישה באוקטובר 1973, ישב גידי וראשו בין זרועותיו, מוקף בהמולת חיילים נרגשים. "למה אתה יושב כך", שאלו אותו. "אני לא חוזר", אמר.

המילה האחרונה שלו, שישה ימים אחר כך, הייתה צעקה במדבר בזלת חשוך.

*

מה כן מצאתי במכתבים?

מצאתי מילים של צדקת הדרך ומילים של אהבה.

השפה העברית עשירה במילים ובמטבעות לשון בעניינו של המוות. אין בהם נחמה. אם יש במוות טעם, הטעם הוא מר, "מַר הַמָּוֶת", ככתוב בספר שמואל. את הטעם המר יש להפיג בטעם אחר, טעמה של המטרה הגדולה. המוות במלחמה אינו מוות פרטי ושרירותי, הוא מחיר שיש לשלם למען הדבר הגדול: האומה, ההיסטוריה, וגם למען המעגלים הקרובים: המשפחה, החברים, הגדוד, צוות הטנק.

הנופל יהונתן דויטש כתב: "זכיתי להיות חייל של העם היהודי... חלום של 2000 שנה ואני הקטן זוכה להגשים. זכיתי שאני הולך למגר את חיות האדם הכי מרושעות שיצרה האנושות".

הנופל אלחנן קלמנזון כתב: "אם אמות כחלל במלחמה על הארץ - שיזכרו ויזכירו שאין מדובר בעוד מלחמה... מדובר באותה מלחמה ארוכה על ארצנו ועל זהות עמנו הנמשכת כבר כמעט 150 שנה".

טוב למות בעד ארצנו, אלה המילים האחרונות של יוסף טרומפלדור, שאותן הוריש לדורות של לוחמים עבריים. הורציוס כתב אלפי שנים לפניו: dulce et decorum est pro patria mori, מתוק ומכובד למות בעד המולדת.

אֲנַחְנוּ מַגַּשׁ הַכֶּסֶף. נתן אלתרמן שם את המילים האלה בפי נער ונערה ירויים, בעקבות מילים מנאום שנשא חיים וייצמן: "אין מדינה ניתנת לעם על מגש של כסף".

לא בגדתי, כתב אורי אילן שהתאבד בכלא הסורי.

בְּמוֹתָם צִוּוּ לָנוּ אֶת הַחַיִּים, כתב ביאליק בשירו "אם יש את נפשך לדעת".

*

לצד מילות צדקת הדרך מצאתי במכתבים את מילות האהבה.

"תגיד להם שאני אוהב אותם", אומר בשארית כוחותיו העומד למות כשהדם אוזל מגופו, ואולי גם כותב בהודעת ווטסאפ. ברגע הזה מתרחש מפגש חד-פעמי, רב עוצמה, בין האהבה והמוות, בין הארוס והתנטוס, בין שני הכוחות המניעים ומגדירים את חיינו, את מי שאנחנו.

גם על כך מספרת השפה העברית.

"עַזָּה כַמָּוֶת אַהֲבָה", שיר השירים.

אֲנִי מֵת עָלַיִךְ. אֲנִי מֵתָה עָלֶיךָ. יידיש מעוברתת: שטאַרבן נאָך עמעצן.

מדובר בדימוי. המוות דומה לאהבה. האהבה דומה למוות. הכוח האפל השולט בכל רגע בחיינו, מצויד בקללת הידיעה על אודות הסוף הבלתי נמנע, מתגושש בקרב אחרון עם הכוח המחיה של האהבה. אהבת איש ואישה, אהבת אם, אהבת מולדת, אהבת אלוהים.

הנופל שחר פרידמן כתב להוריו: "אני אוהב אתכם הכי בעולם

ומעריך אתכם עד אין קץ על כל מה שעשיתם בשבילי... אתם חברים טובים שלי וכיף לי איתכם בטירוף".

יונתן דין חיים כתב לאהובתו: "אין אף אחד כמוך נג'מה... הסיפור שלנו לא נגמר אלא הסיפור רק התחיל. יום אחד את הולכת להצטרף אותי בכוכבים ונרקוד ביחד עד הזריחה... אני תמיד איתך. אני אוהב אותך".

מילות האהבה האחרונות נודדות מהחיים האוזלים של הנופל פתע, נישאות משדות המוות אל שדות החיים, ניטעות בנשמת האנשים שאהב, שאהבו אותו, ומתגלמות באהבה המייסרת מכולן: הגעגועים. אהבה למת היא הגדולה והקשה באהבות.

אביב ברעם

רס"מ (במיל') אביב ברעם ז"ל, מכפר עזה, חבר כיתת הכוננות בקיבוץ. נפל בקרב על כפר עזה בכ"ב בתשרי תשפ"ד, 7.10.23. הותיר אחריו אישה, שני ילדים, הורים ואח. בן שלושים ושלוש בנופלו.

בשבעה באוקטובר בשעה 7:36, אביב כתב את המילים האחרונות שלו.

באותו בוקר פשטו על קיבוץ כפר עזה כמאה וארבעים מחבלי חמאס. למרות הנחיתות המספרית הקשה, יצאו ארבעה־עשר חברי כיתת הכוננות של הקיבוץ להדוף את המתקפה.
אביב, שהיה חבר בכיתת הכוננות, נישק את אשתו וילדיו ואמר להם: "אני אוהב אתכם. יש אנשים לא טובים בקיבוץ, אבא הולך להילחם ותכף חוזר".
בין הקרבות אביב ראה כמה מחבריו פצועים וגוססים על הדשא ורץ לאזור החשוף כדי לנסות להציל את חייהם. מעל גגות הבתים ארבה לו חוליית מחבלים והוא נורה ונפצע.

אביב הצליח לתפוס מחסה מאחורי עץ והמשיך להילחם. כשראה שחברו מתקרב אליו כדי לחלצו צעק לו שיתרחק כדי שלא ייפול למארב, ובכך הציל את חייו.

בשארית כוחותיו אביב שלף את הטלפון וכתב בקבוצת הווטסאפ המשפחתית ארבע מילים אחרונות.

ארבע מילים

אביב ברעם

הוא את כולם אוהב

הוא את כולם אוהב: כשאביב כתב את המילים הללו הוא היה על התפר הדק שבין החיים והמוות. "הוא כתב על עצמו בגוף שלישי", מסבירה אשתו חלי. "כאילו הוא כבר לא בתוך הגוף, לא לגמרי פה. הוא היה איש של אנשים ושל אהבה עצומה לכל אדם באשר הוא, וארבע המילים האחרונות שלו הן תמצית האדם שהיה".

נדב כהן

סמ"ר נדב כהן ז"ל, מחיפה, לוחם שריון בגדוד 77, חטיבה 7. נפל בקרב בדרום רצועת עזה בכ"א באדר ב' תשפ"ד, 31.3.2024.
הותיר אחריו הורים ושני אחים.
בן עשרים בנופלו.

נדב לחם בעזה מהשבעה באוקטובר במשך כתשעים יום רצופים עד שנפצע ויצא להפוגה קצרה בביתו.
ב־19.1.24, יום לפני שחזר ללחימה, כתב את מכתביו האחרונים ושמר אותם בתיקייה במחשב, תחת שם אקראי של צירוף אותיות ומספרים, כדי שלא יוכלו להגיע אליה במקרה.

באותו יום שלח הודעה לחברו פלג וביקש שאם יקרה לו משהו יפתח את התיקייה הסודית. וכך היה.
נדב השאיר אחריו ארבעה מכתבים. אחד מהם מפורסם כאן.

הבחירות שדורשות את ההקרבה הכי גדולה

נדב כהן

למכינה האהובה שלי.

ל־50 האנשים, חניכים ואנשי צוות כאחד, הכי מדהימים שיצא לי להכיר.

אני מתחיל כל מכתב בשורה התחתונה שלו, והיא זהה בכל מכתב עד כה, אני אוהב אתכם.

בזכותכם, בזכות כל אחד מכם השנת מכינה שלי הייתה מה שהיא הייתה, השנה הכי משמעותית עבורי בחיים.

זו שנה שבה למדתי על עצמי יותר ממה שיכולתי לדמיין, שנה שבה ניצבתי מול אתגרים שלא דמיינתי שאני אתייצב מולם ושנה שבה הסביבה שלי דחפה אותי להשתפר ואתגרה אותי במישור האינטלקטואלי, אך יותר חשוב, במישור הערכי בצורה שלא חשבתי שאי פעם אאלץ להתמודד איתה.

השנה הכי משמעותית עבורי בחיים: לנדב היו חלומות רבים לאחרי השחרור, אבל דבר אחד היה לו ברור: שיחזור להדריך במכינת "בארי". רוני אחותו הקטנה הגיעה למכינה בעקבותיו.

בימים אלה משפחתו של נדב עובדת על הקמת מכינה חדשה על שמו.

החניכים, שרוב הזמן עברנו יחד את השנה הזאת, וביחד נדרשנו להפעיל קצת את הראש שלנו, לפקוח עיניים ולראות כמה מורכבת המציאות שאנחנו חיים ולנסות לסלול לעצמנו את החיים בתוך המבוך המורכב הזה, להבין במה אנחנו מאמינים ומה אנחנו מוכנים להקריב כדי לחיות את האמונות האלה.

ומצד שני לפעמים החברים גם העבירו אותי במשבצות משלהם, שלימדו אותי על עצמי, לימדו אותי על החברים שלי והעמיקו את הקשר שלי עם האנשים הבאמת מדהימים שהקיפו אותי בשנה הזאת.

לצוות הבוגר, שדאג תמיד לכוון אותנו בתוך השנה ההזויה הזאת, לתת לנו עצות ולהיות עבורנו משענת ברגעי משבר, אך מצד שני ידע לתת לנו עצמאות, לאפשר לנו חופש פעולה בתוך כל הצמתים שנתקלנו בהם ותמיד לאתגר אותנו לראות את כל הצדדים של המציאות כשאנחנו מנסים להבין איפה למקם את עצמנו בתוך המציאות ההזויה הזאת.

בזכותכם, בזכות כל אחד ואחד מכם חקרתי לעומק את האמונות שלי והערכים שלי ושיניתי או העמקתי אותם בצורה כנה ומבוססת. בזכותכם השתפרתי, בצורה שאומנם לא הרגשתי ביום יום, אך במבט לאחור אני לא מצליח לדמיין את הבן אדם שהייתי לפני המכינה.

עזרתם לי להכיר את עצמי לעומק, עזרתם לי להשתפר ובעיקר הפכתם את השנה הזאת לשנה מהנה באופן שלא תיארתי לעצמי שאפשרי.

הגעתי למכינה עם ציפיות גבוהות בעקבות החוויה של אח שלי, ציפיות שלא הייתי בטוח שיתממשו, ואתם התעליתם על הציפיות האלה בצורה יוצאת דופן והענקתם לי את השנה הכי מהנה, משמעותית ומבגרת שהייתה לי בחיים.

אני בחרתי להתגייס לקרבי ולחיות את האמונות ואת הערכים שרכשתי פה במכינה למרות כל הקשיים שכרוכים בזה, ובסופו של דבר נדרשתי לשלם את המחיר האולטימטיבי.

אבל ככה זה בחיים, הבחירות שהולכות יד ביד עם הערכים שאתם מאמינים בהם, במיוחד בתור בוגרי מכינה אידיאליסטים, בהכרח יהיו הבחירות הקשות ביותר, הבחירות שדורשות את ההקרבה הכי גדולה.

אני מבקש שתמשיכו לבחור את הבחירות האלה, שתסתכלו על כל בחירה כזאת לא כעל ויתור, אלא כעל הזדמנות להגשים את הערכים שאתם מאמינים בהם, תשפיעו, תשנו, תשפרו את הסביבה שלכם אבל בעיקר תחוו, תהנו ותשמרו על הקסם הזה שנקרא מחזור ו'.

אוהב אתכם בראות אסטרונומיות
ומאמין בכם

למרות כל הקשיים שכרוכים בזה: נדב היה חולה אסתמה ולא היה מיועד לשריון. הוא היה בחור מבריק שלמד פילוסופיה באוניברסיטה במקביל ללימודיו בתיכון והיה מיועד לתוכניות מודיעין מובחרות.

במהלך לימודיו במכינה בחר נדב לוותר על ההזדמנות הנחשקת ולהתגייס לקרבי.

תחוו, תהנו ותשמרו על הקסם: "נדב טרף את החיים", מספרת אימו. "הבדיחה המשפחתית הייתה שבבית הבא לא שומרים לו חדר. הוא צריך רק חניה, מקלחת, רכב ודלקן".

בשורת התיאור של נדב בווטסאפ הוא כתב: "אם היה לי כפיל, הייתי מספיק פי שניים". המשפחה חרטה את המילים האלה גם על קברו.

לירון שניר

סרן לירון שניר ז״ל, מעפרה, מפקד צוות בסיירת גולני. נפל בקרב בצפון רצועת עזה בט׳ בכסלו תשפ״ד, 21.11.2023. הותיר אחריו הורים ושני אחים. בן עשרים וחמש בנופלו.

ב־19.11.23, רגע לפני הכניסה הראשונה שלו לעזה, לירון שוחח ארוכות עם אביו בטלפון. אחרי השיחה, כשנסע עם חבריו באוטובוס משטחי הכינוס לרצועה, ביקש זמן לעצמו וכתב בטלפון את מכתבו האחרון.
יומיים אחר כך נפל לירון בקרב.

ועכשיו זה תורי

לירון שניר

זה סוף סוף קורה, כבר התחלתי לאבד תקווה שניכנס, וב"ה יש לי את הזכות לקחת חלק במלחמה ולהיות בתוך עזה, להילחם, להחזיר את הכבוד של צה"ל ועם ישראל, ובעיקר לדאוג שלעולם לא עוד!

מה שהיה זה לא מה שיהיה, ואנחנו חזקים יותר, טובים יותר, מוסריים יותר, ולנו יש את התביעה האמיתית על החיים ועל הקיום שלנו בארץ ישראל וזה הזמן לומר זאת בבירור לעצמנו ולכל העולם, עם ישראל חזק, וכל מי שינסה או ירצה לפגוע בנו, יקרה לו מה שקרה לחמאס.

יש עוצמות בעם, יש אחדות, וכואב שהקב"ה צריך להראות לנו את זה בדרך הקשה. אבל אני שמח שמתגלים ויוצאים לפועל כל העוצמות והאחדות בעם.

כבר התחלתי לאבד תקווה שניכנס: עם פרוץ המלחמה לירון וחייליו הוקפצו להכנה לכניסה לרצועה. באותם שבועות רק חלק מהצוותים נכנסו, והצוות של לירון נשאר בהמתנה בשטחי הכינוס. לירון נסע כל ערב מיוזמתו לחמ"ל, להתעדכן בתמונת המצב וללחוץ על מפקד היחידה שיצרף אותם ללחימה.

ועכשיו זה תורי, להיות, להלחם, להעז ולפקד על צוות בעת הזאת, במלחמה הזאת. בעוז וענווה אמלא את התפקיד ואוביל את הצוות בקרב. אנחנו חזקים ומלאים בעוצמות, שמח על הזכות לקחת חלק!

אם חלילה יקרה לי משהו, אני אוהב את המשפחה שלי, ובזכותם אני מי שאני. צריך לזכור להיות בגדלות, לאהוב את החיים ותמיד להוסיף טוב בעולם. לשמח אנשים, לראות את החלש ולעזור לו. לחייך לאנשים, לזרוק מילה טובה. להיות טוב זאת השאיפה, טוב לכל, וזה לא עולה לנו כלום, להיות טובים ולעשות טוב.

שמח על החיים ועל מה שעשיתי והייתי, עבור העם שלי, עבור מי שהיה סביבי לאורך השנים והצלחתי להשפיע עליו טוב, *אנחנו צריכים להיות טובים ולעשות טוב!*

להיות בגדלות: אחרי שנפל, משפחתו הקימה לזכרו עמותה שתורמת לתחומים שהיו קרובים לליבו בחייו: סיוע לחיילים בודדים, לימוד תורה, ותמיכה במשפחות מעוטות יכולת. העמותה נושאת את השם "להיות בגדלות".

לראות את החלש ולעזור לו: בתחילת המלחמה, לירון ואלון אחיו התאום ישבו יחד לאכול בבאר שבע, כשלפתע נשמעה אזעקה. כשכולם רצו לכיוון המיגונית, לירון רץ לכיוון השני.

כשאלון הביט מחוץ למיגונית, הוא ראה את לירון מגונן בגופו על זוג קשישים בכיסאות גלגלים, מרגיע ועוטף אותם עד שהסכנה חלפה.

דניאל קסטיאל

רס"ר דניאל קסטיאל ז"ל, מבית שמש, לוחם ביחידת מגלן. נפל בקרב בזיקים בכ"ו בתשרי תשפ"ד, 11.10.23. הותיר אחריו הורים, ארבעה אחים ובת זוג. בן עשרים וארבע בנופלו.

דניאל כתב את המכתב ב־8.10 בפתקים בטלפון, בסערת הקרבות, בין יממה של לחימה קשה בעוטף להמשך הלחימה בזירות שלפניו.

באותן שעות כתב דניאל בווטסאפ לבת זוגו מיה: "תתפללו על הפצועים... מלא אנשים טובים מלח הארץ נופלים כאן בקרבות, זה לא ייאמן. הסגן מפקד שלי מת היום, הוא חיסל איזה 7. ואיתו שני לוחמים מהיחידה".
שלושה ימים אחר כך דניאל נפל בקרב בהיתקלות עם מחבלים בחוף זיקים.

רק שלושה חודשים לאחר נפילתו הצליחה המשפחה לאתר את מכשיר הטלפון של דניאל.
רזיאל אחיו מצא בו את המכתב האחרון של דניאל אך לא היה מסוגל לפתוח אותו. האח הבכור יוני אסף את כל המשפחה לסלון, פתח את הפתק והקריא אותו לראשונה.

תדעו שהלכתי עם הראש למעלה

דניאל קסטיאל

אוהב אתכם אחד אחד. אתם הגאווה שלי בחיים, לא היה מקום שהתביישתי שאני בא ממשפחת קסטיאל. אין לי איך לתאר כמה אני אוהב אתכם.

[...]

כל החברים והמשפחה שלי אני אוהב אתכם תודה.

תמשיכו תמיד לחייך ותהיו חזקים והכל בסדר אני שמח וגאה בדרך הזאת והכל היה מבחירה, אין מאושר ממני.
גם אם אלך בגיא צלמוות לא אירא רע כי אתה עמדי.
תדעו שלא פחדתי והלכתי עם הראש למעלה
ואין לנו ארץ אחרת

והלכתי עם הראש למעלה: בשבעה באוקטובר בעיצומם של הקרבות, כשהחלו להתברר ממדי הזוועה, דניאל עצר לרגע להקליט הודעה לאחיו רזיאל, לוחם ימ"ס שהוקפץ גם הוא ולחם בגזרה אחרת:

"רזי, מה קורה יא גבר? תקשיב, שוב, אני רק מזכיר לך להישאר מפוקס. אל תספר לאנשים מה קורה, איזה מצב, מי מת, מי מת...
מי שמת, מת. נגמר. מתקדמים הלאה.
תרים את החברים שלך, תהיו במורל גבוה, תהיו חדים, עיניים למעלה.
בלי פלאפון, בלי אינסטגרם, בלי שטויות אחי.
אתה מרוכז, אצבע על ההדק, עיניים למעלה. הבנת? אתה לא מתרכז במה שהיה ומי שיהיה, ואל תקשיב לסיפורים, אל תראה סרטונים, זה לא טוב לנפש.
בוא תראה את החבר'ה שלי – כולם נעולים, כולם שמחים, כולם מחייכים, אף אחד לא מדליק פלאפון בכלל. אנחנו מוכנים. גם אתה צריך להיות מוכן, הבנת? תדליק את החבר'ה שלך, תהיו מורעלים, תהיו עם עיניים למעלה. זה המצב. מפה מתקדמים הלאה.
הבנת? יאללה שמור על עצמך".

במילותיו האחרונות של דניאל במכתב הוא מעיד על עצמו שקיים את מה שביקש מאחיו, לשמור על ראש מורם.

עם הפנים לחיים

הרב תמיר גרנות

הנאום החשוב ביותר בהיסטוריה האנושית הוא כנראה נאומו של משה רבנו לפני מותו, הלא הוא ספר דברים. מה קורה שם, במרחב הזמן הזה שבו אדם יודע שעוד מעט הוא איננו, והוא רוצה להשאיר אחריו ירושה רוחנית לדורות?

רגע לפני המוות אין עוד חשבונות, אין עוד שאלות של כאן ועכשיו. משה ניצב באותה שעה בזמן הגבולי שבין ההווה לנצח. באותם רגעים ישנה רק תמצית החיים המזוקקת, מה שנשאר מכל ניסיונות החיים, וישנו המבט אל הנצח, אל מה שאחרי שלא אהיה עוד. מבט שמבקש להשאיר את חותמה של הרוח, שהיא תמיד נותרת, גם כשהאדם כבר איננו.

החיילים שצוואותיהם האחרונות מתועדות בספר זה, אינם משה רבנו. צעירים שבהם בני תשע עשרה, ומבוגרים שבהם מעט מעל גיל ארבעים. שלא כמשה, הם לא זכו בהתגלות נבואית ולא זכו בניסיון חיים של מאה ועשרים שנה, אלא נהרגו על קידוש השם באמצע מסע חייהם.

ועם זאת, גיבורים צעירים אלה, שמסרו את נפשם עבור כולנו, היו ברגעי הכתיבה באותה נקודת זמן יוצאת דופן שבה היה משה בנאומו האחרון. באותו קו תפר שבין ההווה לנצח, בין האנושי לא־להי. ברגעים שבהם הם כתבו את המילים האלה, הם שאבו מתהומות נשמתם את אותה תמצית חיים שמזקקת מבין המון רצונות ותנועות נפש את הליבה, את העיקר.

במרוצת החיים אנחנו שוכחים את העיקר, שוכחים את המהות. נענים לדחוף ולא לחשוב, מתלוננים על זוטות, משקיעים בדברים שערכם בר חלוף, מתנהלים תחת סדרי עדיפויות שאינם מבטאים את עולם הערכים האמיתי שלנו.

כשחייל כותב מכתב אחרון, כל זה מתפוגג. מה שנשאר הוא תמצית חייו, מה שהכי חשוב לו שייזכר, מה שהכי חשוב לו בחיים עצמם.

ויש עוד משהו. רבים מהחיילים שבספר חושבים לא רק על הזיכרון ועל מה שישאירו אחריהם, כי אם גם על מי שישאירו אחריהם. הם מודאגים מההשלכות הרגשיות של מותם על החיים ומבקשים לעצב מראש את העמדה של קרוביהם כלפי האובדן. הם פונים ואומרים – בתחינה, בדרישה, בתפילה: אל תגזימו בהספד, אל תהיו דרמטיים, תהיו אמיתיים. היה מי שכתב: אני לא מוכן שעבור חיי או גופתי עם ישראל ישלם מחיר. ורבים מהם כותבים, בקולות שונים: אל תשקעו בכאב. תהיו עצובים, אבל לא יותר מדי. תהיו חזקים. תמשיכו לחייך. נלחמתי כדי שתחיו. איזו גדלות רוח יש בזה, איזו אצילות.

אצילות שיש לה קשר עמוק למסירות הנפש שלהם עצמה: כשם שהעזו הלוחמים ללכת מעבר לחיים הפרטיים שלהם ולהקריבם עבור משפחתם, עבור העם כולו, עבור הנצח, כך אין הם מוכנים שהמוות שלהם יתפוס מקום מרכזי מדי בתודעתם של הנשארים.

הם מוסרים את נפשם לא רק בשביל עצם החיים שלנו, אלא גם בשביל איכות החיים שלנו, של כולנו. שנחיה טוב, הם מבקשים, שנחיה בשמחה, שנאהב, שלא נשקע באבל. הצוואה הזו מחייבת את כולנו.

ומתוך הצוואה הזו, לחיות טוב, כדאי לגשת גם לקריאת המילים שלהם עצמם. הספר הזה הוא חשוב, אבל חשוב לא פחות לקרוא אותו בזהירות ותוך הקשבה לנפשנו.

בטוחני שכל אחד יוכל למצוא בין המילים האישיות והאינטימיות שיש כאן, מילים שמדברות אליו, שנותנות לו כוח ומרוממות את

חייו; אך באותה מידה אני חש שעומס יתר של המילים האלה, מינון גבוה מדי, עלול ליצור מבט לא מאוזן על החיים. הריכוז החריף של עשרות צוואות של אנשים צעירים עלול לטלטל ולהפר את שיווי המשקל הנפשי שלנו.

כאב שכול לבני סרן אמתי גרנות שנפל עת נלחם בגבורה במחבלי החיזבאללה ב־15.10.23 ליד שתולה, אני מכיר היטב את הפיתוי הנורא לחיות לנוכח המוות, על הקצה, מעבר לחיים, כדי לא לשכוח, כדי לא לאכזב את הבן שאיננו, כדי לא להתרגל. אבל אני יודע שלא כך אמתי היה רוצה. בחרנו לחיות את החיים מול החיים, ולקחת מאמתי את אורות חייו, את רוחו הגדולה ואת עוצמותיו, לא את אֵינוּתוֹ.

חשוב שנחיה את החיים כשנקודת הכובד שלהם איננה המחשבה הגבולית "מה יישאר אחרי מותי", אלא – כיצד ייראה העתיד שלי, איך אעצב אותו, איך אתקן עולם בחיים מלאים וארוכים. המערכת הרגשית והאוריינטציה הערכית שלנו אינן צריכות להיווצר לנוכח המוות, אלא לנוכח החיים ומתוכם.

המלחמה הביאה אותנו למצבי קצה, שבהם צומחת תודעת קצה. תודעת הקצה יכולה לרומם את החיים ולזקק אותם, אבל היא לא הכול, היא לא החיים עצמם. לנופלים היו חלומות גדולים, שאיפות כבירות, וגם המון חלקי חיים פשוטים, יומיומיים ורגילים, כמו של כולנו. וצוואותיהם הן דווקא תזכורת לתשוקות החיים הבריאות, הגבוהות והנמוכות, ליכולת לחלום חלומות, לטעות טעויות, ולחיות את החשוב ואת הסתמי גם יחד.

אז מה הם אולי מבקשים מאיתנו בעצם, כשאנחנו קוראים את המילים האלה?

אל תחיו אל מול המוות. חיו עם הפנים לחיים. חיים של משמעות.

בן ציון פלח

סרן בן ציון פלח ז״ל, מניצני עוז, קצין לוחם בגדוד 202, חטיבת הצנחנים. נפל בקרב בדרום לבנון בכ״ט באלול תשפ״ד, 2.10.24. הותיר אחריו הורים, שני אחים ובת זוג.
בן עשרים ואחת בנופלו.

בן היה חלק מכוחות צה״ל הראשונים שנכנסו לתמרון הקרקעי בלבנון.
ב־30.9.24, שעות ספורות לפני הכניסה, כתב את מכתבו האחרון.
יומיים אחר כך בן נפל בקרב.

משפחתו מצאה את המכתב בטלפון שלו בפתק תחת הכותרת ״המבחן האמיתי״.

בתקופות קשות
צריך אנשים חזקים

בן ציון פלח

יש הרגשה שכל מה שהתאמנתי עליו עד עכשיו הולך להיבחן בתמרון הזה.
להיכנס ללבנון??? מי חלם על זה

איזה זכות לקחת בה חלק אני עדיין לא קלטתי שאני משתתף בזה מכל צה"ל בתמרון הראשון בלבנון.

יש הרגשה שכל מה שהתאמנתי עליו עד עכשיו הולך להיבחן בתמרון הזה:
בשבעה באוקטובר בן קפץ להילחם בעוטף. לאחר כמה ימי לחימה קשים, כתב לעצמו מחשבות בפלאפון תחת הכותרת "חרבות ברזל – יומן שלי":

"יום שבת 7:30 בבוקר אבא מעיר אותי: 'חדרו מחבלים מעזה לישראל והם מסתובבים ברחובות ויורים באנשים'... אני מוצא את עצמי נפרד בשבת בבוקר מהמשפחה בלי לדעת מתי אני אראה אותם שוב.

נסענו לבה"ד ובדרך שמענו ברדיו אנשים שכלואים בבתים שלהם ועל המקרה במסיבה בבארי. עדיין לא מצליח לעכל את המצב אבל בראש רץ "יאללה מלחמה", כל מה שדיברתי עליו כמעט 5 שנים מהפנימייה עד היום, כל ההרצאות, המורקים, האימונים, עכשיו תיבחן האיכות שלהם. עכשיו זה רגע האמת.

הגענו לכרם שלום לאוגדה ופגשנו את הפלוגה שחטפה שם. לראות פלוגה כזאת שבורה זה קשה.

הרבה חוויות ובמקביל השמות של ההרוגים זורמים. רועי נהרי היה מ"מ במחלקה מקבילה אליי בהכשרה. הייתי אמור להיות אצלו. איזה איש מדהים. אדם היה איתי בפלוגה בהכשרה אחרי זה בחדר בקורס מכים ואחרי זה בתפקיד בפלוגה. אותו היה לי הכי קשה לקבל. בחיים לא איבדתי חבר קרוב כל כך.

ברגעים כאלה מבינים מה חשוב באמת. מתנקים כל החארטות, ההתייפיפויות והתנצלויות ומתעסקים במה שבאמת חשוב. אולי אם יצא משהו טוב מכל המלחמה הזאת זה שנחזור להבין את זה כולנו."

אני מוכן הצוות מוכן, תמיד היה עוזר עוד זמן כמו שתמיד הכינו אותי אבל נגמרו האפשרויות לחכות. צריך עכשיו כמה שיותר מהר לסיים את הסיפור הזה.

אני אזכור את התקופה הזאת לכל החיים. עוד חמש שעות אני נכנס ללבנון לעשות את המשימה של החיים שלי. אני בטוח שנעשה את זה בצורה טובה ונעמוד באתגרים.

אני נכנס בשביל לסיים את האיום על תושבי הצפון שיוכלו לחזור לבתים שלהם.

בשביל הצוות שלי שאני אוהב ומוכן למות בשבילם.

בשביל המשפחה שלי שתוכל לחיות במדינה יותר שקטה.

בשביל רותם שלי שאני כל כך אוהב ושהיא האישה שאני רוצה להתחתן איתה ולחיות איתה.

בשביל הצוות שלי שאני אוהב ומוכן למות בשבילם: בן פיקד על צוות לוחמים צעיר בצנחנים, שהיו בסך הכול עשרה חודשים בצבא כשנכנסו לתמרון בלבנון.

בתקרית שבה נפל בן, הצוות הגיע לאיתור בכפר לבנוני. על פי תורת הלחימה בצה"ל בן היה אמור להיות השלישי בסדר הנכנסים למבנה, אבל לא היה מסוגל לשאת את המחשבה שישלח את חייליו להסתכן במקומו. הוא החליט להיכנס ראשון ונקלע להיתקלות עם מחבלים שבה ספג כדור בליבו. ברגעיו האחרונים הספיק להחזיר אש ולדווח בקשר על ההיתקלות. אף אחד מחייליו לא נפגע.

המשפחה שלי: שלושת בני משפחת פלח לחמו בו זמנית בגבול הצפון.

עמית, האח הגדול, לחם כצנחן במילואים, והתאומים יונתן ובן נכנסו ללבנון ביומו הראשון של התמרון הקרקעי, ולחמו בשני כפרים סמוכים.

יונתן, לוחם ביחידה מובחרת, התקשר להוריו אחרי קרב קשה כדי לעדכן שאיתו הכול בסדר. הוא לא ידע שבאותה השעה, בכפר שנמצא שבע מאות מטר ממנו, אחיו התאום בן נפל בקרב.

ובשביל עצמי שהתכוננתי כל כך הרבה זמן בשביל לבצע
את המשימה הזאת.

הלוואי שהמצב היה שונה אבל זאת כרגע המציאות

ובשביל להתמודד עם תקופות קשות צריך אנשים חזקים

יוסי הרשקוביץ

רס"ם (במיל') יוסף חיים הרשקוביץ ז"ל, מגבעות, לוחם בגדוד 697, חטיבה 551. נפל בקרב בצפון רצועת עזה בכ"ו בחשוון תשפ"ד, 10.11.2023. הותיר אחריו אישה, חמישה ילדים, הורים וחמישה אחים. בן 44 בנופלו.

ב־6.11.23, חמישה ימים לפני שנפל, ישב יוסי בבית הרוס בבית חאנון וכתב בפנקס כיס קטן.

בפנקס נכתבו בכתב יד שבעה מכתבים. להוריו, להדס אשתו, ולכל אחד מחמשת ילדיו.

יוסי שלח את הפנקס עם גיסו אורי שלחם לצידו ויצא לגיחה קצרה הביתה. אורי העביר את הפנקס להדס עוד באותו היום והיא הופתעה לגלות שבפנקס אין דרישת שלום או מכתבי ברכה, אלא מכתבי פרידה.

הדס הבינה שיוסי מרגיש שהסוף קרוב. היא העבירה להוריו את המכתב שיועד אליהם עוד באותו היום, אבל את המכתבים לילדיה שמרה אצלה והקריאה לילדים רק חלקים מהם.

בערב שבת יוסי נפל בקרב, וילדיו קראו את המכתבים במלואם.

המכתב להוריו מובא כאן.

כמו במעמד הר סיני

יוסי הרשקוביץ

אבא ואמא, מה שלומכם? ב"ה אני בסדר גמור ובחסדי ה' זוכה לקחת חלק במאמץ לשמור על עם ה' המושפל, שכעת יכול להתחיל להרים ראש אל מול כמות ההרס והחורבן שהמנוולים הנאצים חווים כעת.
"מהלך על הריסות אני, אמא", שיר שנכתב ביום כיפור וכעת כל כך נכון. מהלכים על הריסות אנחנו, מאתרים ומשמידים.

לא פשוט להיות שם בעורף. אני מרגיש שהתפילות שלכם עלי מסייעות המון והזכויות הרבות שלכם מגנות עליי. המשיכו להתפלל בכל הכוח כי ניסים גדולים קורים כאן.

מהלך על הריסות אני, אמא: השיר נכתב על ידי סמל ראובן פוליטי ז"ל, לוחם בסיירת אגוז שנפל במלחמת יום הכיפורים, והולחן על ידי עידן רייכל.

לא פשוט להיות שם בעורף: יוסי היה מנהל בית הספר פלך בנים בירושלים, ומלבד בני משפחתו הותיר אחריו בעורף גם שש מאות תלמידים. הוא דאג להם, לחם עבורם, וגם שאב מהם כוח.

באחד מימי הלחימה דיבר יוסי עם הדס אשתו, והיא הרגישה שהוא זקוק לחיזוק. היא ביקשה מאנשי הצוות בבית הספר שישלחו לו כמה מילים, ובתגובה הם כתבו שישים מכתבים מעומק הלב למנהל הנערץ שלהם.
יוסי קיבל את המכתבים לעזה, ובמשך כל הלילה ישב עם פנס ראש קטן, קרא ובכה. כשחבר קרא לו לישון ענה לו, "אני חייב את זה. אני צריך להתחזק".

למוחרת בערב נהרג.

חינכתם אותי לתת מבלי לקחת ולא מתוך הרגל, וב"ה אני זוכה להיות חלק מעם מדהים ומאנשים מדהימים שנותנים את כל הנשמה למען העם.

כמה לשון הרע נאמר על העם הזה בשנה האחרונה וכמה הכל שקר וכזב. כולנו כאן נלחמים כתף אל כתף וכולם כאיש אחד בלב אחד והתחושה היא כמו במעמד הר סיני.

אני שמח שחינכתם אותי כך והתוויתם לי דרך בה השאלה היא לא מה מגיע לי אלא איך אני בכל רגע ורגע יכול לתת יותר למען העם והמדינה.

באהבה והערכה

יוסי

חינכתם אותי לתת מבלי לקחת: "אתה מחנך ילד שנים ואז נותן לו ללכת בדרכו, ולא יודע מה מזה נשאר", אומר יעקב אביו. "ואז אתה קורא את המכתב, ומגלה שהכול שם".

כמה לשון הרע נאמר על העם הזה בשנה האחרונה: בסרטון האחרון שצילם יוסי לתלמידיו מתוך עזה, ביקש מהם בקשה אחת: "אני מבקש בקשה אישית פה, לא להגיד לשון הרע על עם ישראל. שום דבר. אל תגידו מילה רעה, לא לחזור על מה שהיה לפני, כלום. אין שמאלני, אין ימני, אין חרדי, אין כלום. יש יהודים. החמאסניקים הנאצים לא הפרידו ולא עניין אותם במה בחרת ומה אתה חושב. זה חשבון הנפש שצריך כל הזמן לשים לנו בראש. לא להגיד לשון הרע. בתקופת אחאב ישראל ניצחו את כל המלחמות שלהם בזכות שלא אמרו לשון הרע אחד על השני. נתגבר בזה. פה כשמישהו אפילו מצית איזושהי שיחה בעניין, כולם משתיקים אותו. אנחנו כבר לא מדברים על זה – אנחנו מדברים על כמה אנחנו טובים וכמה בחרנו בטוב. יש כל כך הרבה זכויות עכשיו לעם שלנו. כל כך הרבה גיבורים שנתנו את נפשם".

ריף הרוש

סמל ריף הרוש ז"ל,
מקיבוץ רמת דוד,
לוחם בהכשרה
בביה"ס לקומנדו,
חטיבת הקומנדו. נפל
בקרב בדרום רצועת
עזה בכ"ז באדר ב'
תשפ"ד, 6.4.2024.
הותיר אחריו הורים
ואחות.
בן עשרים בנופלו.

ריף כתב את המכתב לקראת הכניסה הראשונה שלו לעזה. ב־7.3.24 יצא הביתה לשבת, וכשאביו אבי רוקן את המדים שלו לפני הכביסה הוא מצא בכיסו דף A4 מקופל ובו מכתב בכתב ידו של ריף. הוא הציץ בו ושמר אותו אצלו.

כעבור חודש ריף נפל בקרב. כשעה לאחר שקיבל את הבשורה קרא אביו לראשונה את המכתב במלואו.

בשביל אותה מבוגרת שאומרת לי תודה ובוכה

ריף הרוש

למה אני מסכן את החיים שלי? עשו את זה לפני ויעשו את זה אחריי. ובשביל אותה מבוגרת שאומרת לי תודה ובוכה אני מוכן להקריב את החיים שלי. ובשביל המשפחה שלי שישבו בשקט ובנחת ושהם ידעו שיש מאחוריהם צבא ענק שישמור עליהם כל עוד אנחנו על הרגליים.

למה אני מסכן את החיים שלי?

בשיחות עם הוריו ריף הודה שהוא מפחד למות. הוא לא הראה את המכתב לאיש והמכתב נמצא במקרה. "ריף היה מודע לזה שהוא מסכן את החיים שלו", אומר אביו. "הוא כנראה כתב את זה כדברי חיזוק לעצמו רגע לפני היציאה לקרב".

ובשביל אותה מבוגרת שאומרת לי תודה ובוכה: ריף כונה בקיבוץ "חביב הזקנות". הוא כנראה מתכוון כאן לאחת מהן, קיבוצניקית בת מאה שאהבה אותו מאוד. כשריף שואל את עצמו למה הוא מוכן לסכן את חייו, האישה המבוגרת הזו היא התשובה שלו.

ובשביל המשפחה שלי: ימים ספורים לפני שנפל, ריף שלח לאביו את הסיסמה לחשבון הבנק שלו, "שיהיה".

בשבת האחרונה לפני שנהרג, ריף פנה אישית לכל אחד מבני משפחתו וביקש שיגיעו לבקר אותו בבסיס. בדיעבד המשפחה כינתה את הביקור הזה "מסיבת הפרידה של ריף".

הרבה מתוך מניע אישי, לקראת הגיוס הבנתי הרבה משמעויות. ולאט לאט מחזק את הלמה שלי ואת הסיבה האמיתית. למה החלטתי לוותר על הנוחות שלי?

בהתחלה לא הבנתי באמת את המשמעות של זה והכל היה נשמע לי מגניב והכל טוב. היום מה שמחזיק אותי בדברים האלה זה הצוות שלי שכולנו באותו חרא וגם האמת התרגלתי.

ניסיתי את הכי טוב שלי וזה לאן שהגעתי. אמרתי שאם אני מתגייס כבר

אז למקום שיוציא ממני כמה שיותר ומקסם

גלעד ניצן

סמ"ר גלעד נחמיה ניצן ז"ל, משילה, לוחם בסיירת גבעתי. נפל בקרב בצפון רצועת עזה בי"ט בחשוון תשפ"ד, 3.11.2023. הותיר אחריו הורים ושישה אחים ואחיות. בן עשרים ואחת בנופלו.

אחרי שלושה ימי לחימה בנחל עוז, כשהיה באימונים לקראת הכניסה הקרקעית לעזה, התקשר גלעד לאחיה חברו הטוב. הוא אמר לו: "קודם כול, אני אוהב אותך מאוד. אל תתרגש ממה שאני אגיד לך עכשיו, הכול יהיה בסדר. אבל אני שולח לך הקלטה ואם חס וחלילה קורה לי משהו, שלח אותה להורים שלי".

אחיה ענה לו: "נשמה, שבוע הבא בעזרת השם אנחנו יושבים כרגיל, מה אתה עושה דרמה?"

זו הייתה השיחה האחרונה שלהם. שבועיים אחר כך גלעד נהרג.

המשפחה קיבלה את הבשורה על מותו של גלעד רבע שעה לפני כניסת השבת. במוצאי שבת, אחרי הלוויה של גלעד, אחיה סיפר להם בדמעות שגלעד הפקיד אצלו הקלטה אחרונה, אבל בגלל שגלעד ציווה שלא יקשיב להקלטה בחייו הוא לא הוריד אותה למכשיר הטלפון שלו והיא נמחקה.

שלושה שבועות אחר כך הגיע הציוד האישי של גלעד מהצבא, ובתוכו גם הטלפון שלו שהיה נעול. הוריו קיוו להצליח לפתוח אותו כדי למצוא בו את ההקלטה. "חשבנו, מה יהיה הקוד? מה מתאים לו?" מספרים הוריו. "גלעד היה אדם מתוק, לא מתחכם. ניסינו 2580 – הטור האמצעי של לוח המקשים, הכי פשוט. וזה עבד".

סליחה שהלכתי כל כך מוקדם

גלעד ניצן

אבא ואמא יקרים, משפחה אהובה.

הקלטתי את ההודעה הזאתי לפני האיסוף של כל הטלפונים ושל כל הדברים בשביל שאוכל להגיד כמה דברים אחרונים ולסכם, אם יקרה לי משהו במהלך המלחמה.

דבר ראשון, אוהב אתכם בלי סוף. קשה לתאר את כל החיבה וההערכה הלא נורמלית הזאת שאני חייב אליכם וחש אליכם.

בנוסף אני רוצה לבקש סליחה על כל דבר שגרמתי. אם מישהו עצבני עליי כועס עליי או מרגיש שאני התחייבתי לעשות בשבילו משהו ולא ביצעתי אותו - אני מבקש סליחה גמורה.

ואם אני מרגיש כלפי מישהו איזשהו כעס, שידע שאני מוחל לו מחילה גמורה לגמרי, אין לי שום תחושות כלפיו, כלום, אני מוחל לכולם.

הבקשות שלי הן:

להיקבר בשילה,

וכל החסכונות שהיו לי - בבקשה שיגיעו נטו ללימוד תורה ויישוב ארץ ישראל, להאדיר את זה בעולם. באמת, זה הדבר הכי חשוב שיש בעולם.

אוהב אתכם בצורה לא ברורה מאליו. וסליחה על אי פעם צער הורים, כל דבר שעשיתי, צער משפחה, חברים, באמת אני מצטער מעומק הלב.

אוהב אתכם ממש, כל אחד ואחד,

סליחה שהלכתי כל כך מוקדם

להיקבר בשילה: בזמן הלוויה, המשפחה של גלעד עוד לא קיבלה את צוואתו. הם התלבטו אם לקבור את גלעד בבית העלמין הצבאי בהר הרצל כי "אחרי שנהרג, הוא הפך לילד של כל עם ישראל", או בשילה שבה גדל. "ידענו שעבור גלעד, שילה היא האדמה שלו. המקום שבו הוא נולד, נטע עצים והכה שורש". הם החליטו לקבור אותו בשילה, מגשימים בלי לדעת את בקשתו האחרונה.

שיגיעו נטו ללימוד תורה ויישוב ארץ ישראל: בעקבות בקשתו, המשפחה לקחה את כל חסכונותיו והשקיעה אותם במיזמים לזכרו: "חדר גלעד", חדר לימוד בישיבת אבינועם שבה למד; מצפה בהר קידה; ספר תורה; ומרכז חינוכי על שמו.

סליחה שהלכתי כל כך מוקדם: המוטו של גלעד בחיים היה: "במקום שאין אנשים השתדל להיות איש, ובמקום שיש אנשים, תהיה ראשון".

בשבעה באוקטובר גלעד לחם בקרב על נחל עוז, ולאחר שלושה ימי לחימה דיבר עם אימו יהודית וסיפר לה בדרך אגב ששבר את האצבע. אימו שמחה כי חשבה שכעת יחזור הביתה. גלעד הסביר לה שהשבר ביד שמאל והנשק בימין, אז הוא יכול להמשיך.

במהלך הלחימה בעזה, גלעד וחבריו לפלוגה יצאו ככוח ראשון לסריקת שטח חשוד. הם הותקלו על ידי מחבלים, וגלעד נהרג לצד מפקד הפלוגה יהודה כהן וחברו הטוב יונדב לוינשטיין.

מתנה אחרונה

צרויה שלו | סופרת

אדם צעיר נפרד בטרם עת מחייו הקצרים, מאהובי נפשו. ההורים, האחיות והאחים, בת הזוג, החברים.

האם אפשר להעלות על הדעת רגע עצוב מזה?

אדם צעיר כותב מכתב אחרון. הוא כותב בתקווה שמכתבו לא ייקרא לעולם אבל מודע לחלוטין לאפשרות האחרת. לאפשרות שאחותו הצעירה תהפוך לבכורה, שהוריו יהפכו להורים שכולים, שהוא עצמו יהפוך לחלל, שגופו הפורח בפריחת עלומים ייטמן באדמה.

האם אפשר להעלות על הדעת רגע מכאיב מזה?

ואף על פי כן אנחנו פוגשים אותם כאן במילותיהם האחרונות גאים ואסירי תודה, מלאים אהבה ותחושת שליחות, רבים מהם מחייכים חיוך רחב, ללא כל מרירות וצער, ואני קוראת את מכתביהם בעיניים דומעות ומשתאות, נפרדת בכאב ובפליאה מנערים ונערות שלא הכרתי.

אילו תביעות נוראות תובעת הארץ הזו מבניה, אילו פרדוקסים טראגיים היא מייצרת עבורם, אילו גלגולים היא מאלצת אותם לעבור.

הרי רק לפני זמן לא רב עוד היו תלמידי תיכון, משתעממים מן הסתם בשיעורי התנ"ך, לומדים באי חשק לבגרות בהיסטוריה, ועכשיו הם רואים את עצמם כממשיכי שושלת עתיקה, כחלק בלתי נפרד מן ההיסטוריה היהודית.

רק לפני זמן לא רב עוד היו בוודאי מתבגרים מרדנים, מתווכחים עם ההורים מדי פעם, שקועים בעצמם ובצורכיהם, ועכשיו

הם נותנים את הכול בלי לעשות עניין, מקריבים בטבעיות את חייהם, מגישים את עצמם בנדיבות חסרת גבולות.

אדם צעיר בוחר מילים אחרונות.

בפנקס, בפתקים של הנייד, בסרטון. חלקם מתמסרים לכך, חלקם מסתייגים, אולי זה מקרב את הסוף.

חלקם פחות בקטע של מילים. הרי באו הנה כדי לעשות מעשים.

וברגע הזה, לפני המעשה הגדול והנורא שממנו לא ישובו, הם משתהים כדי להעניק לאהובי נפשם מתנה אחרונה, מתנת פרידה מוקדמת מדי של אהבה והודיה, של תמיכה ותנחומים.

כי מכתבי תנחומים הם כותבים למשפחותיהם השכולות, מכתבים של עידוד וחיזוק.

הם משבחים את הוריהם על החינוך שהעניקו להם אף על פי שהוא מוביל אותם אל מותם.

הם אינם מבכים את גורלם ומפצירים בהוריהם שגם הם לא יבכו עליהם יותר מדי. הם מסכמים את חייהם כמעולים, ועם זאת נכונים להיפרד בלב שלם מן החיים המעולים האלה שרק התחילו, ואת ההשלמה הזו הם מבקשים גם מאהובי נפשם.

מִמֶּנִּי תִּרְאוּ וְכֵן תַּעֲשׂוּ, הם מפצירים, כגדעון בן יואש בספר שופטים.

כמה תמימה ומכמירת לב בקשתם.

איך יוכלו משפחותיהם להיענות לה, כשאפילו אנחנו הקוראים, שלא זכינו להכיר את הצעירים עזי הרוח ואצילי הנפש האלה, ממאנים להינחם.

בן זוסמן

רס"ל (במיל') בן זוסמן ז"ל, מירושלים, לוחם במחס"ר, גדוד ההנדסה הקרבית 601, חטיבה 401. נפל בקרב בצפון רצועת עזה בכ' בכסלו תשפ"ד, 3.12.2023. הותיר אחריו הורים, אחות ואח. בן עשרים ושתיים בנופלו.

בצהריים המוקדמים של השבעה באוקטובר בן נסע על דעת עצמו להילחם, בלי שזומן למילואים. כשהיה באוטובוס בדרכו לבסיס, כתב בן את מכתבו האחרון.

הוא שלח את המכתב לשני חברים קרובים וביקש מכל אחד מהם: "תקרא את ההודעה ותראה לכולם רק אם חס וחלילה יקרה לי משהו".
בבוקר הלוויה קיבלה משפחתו של בן את המכתב, יחד עם מילים אישיות נוספות לחבריו ולבני משפחתו.

אני לא מרשה לכם לשקוע בעצב

בן זוסמן

אני כותב לכם את ההודעה הזו בדרך לבסיס.

אם אתם קוראים את זה כנראה שקרה לי משהו.

כמו שאתם מכירים אותי, כנראה אין מאושר ממני כרגע. לא סתם הייתי ממש לקראת הגשמת החלום שלי בקרוב. אני שמח ומודה על הזכות שתהיה לי להגן על הארץ היפה שלנו ועל עם ישראל.

גם אם יקרה לי משהו, אני לא מרשה לכם לשקוע בעצב. הייתה לי הזכות להגשים את החלום והייעוד שלי ותהיו בטוחים שאני מסתכל עליכם מלמעלה ומחייך חיוך ענק.

כנראה שאשב ליד סבא ונשלים קצת פערים, כל אחד יספר על החוויות שלו ומה השתנה בין מלחמה למלחמה. אולי גם נדבר קצת פוליטיקה, נשאל אותו מה דעתו.

לא סתם הייתי ממש לקראת הגשמת החלום שלי בקרוב: כשבוע אחרי השבעה באוקטובר בן היה עתיד להתגייס לשב"כ כפי שחלם. בגלל התפקיד החדש בשב"כ הוקפא שירות המילואים של בן, והוא נסע מיוזמתו להילחם על העוטף בלי שנקרא לכך.

כנראה שאשב ליד סבא ונשלים קצת פערים: בן גדל במרחק רחוב אחד מסבו שמוליק, שנפטר שנתיים לפני שבן נהרג. סבא שמוליק גדל במאה שערים ובחר להתגייס לצה"ל, שירת שנים ארוכות במילואים והיה גאה מאוד בבן ובשירות הקרבי שלו. בן ידע שכאדם בעל דעות נחרצות הוא יהיה פרטנר לדיונים אין סופיים בשמיים.

אם חס וחלילה אתם יושבים שבעה, תהפכו אותה לשבוע של חברים, משפחה וכיף. שיהיה אוכל, בשרי כמובן, בירות, שתייה מתוקה, גרעינים, תה, וכמובן כמובן עוגיות של אמא!!

תעשו צחוקים, שמעו סיפורים, תפגשו את כל שאר החברים שלי שעוד לא ראיתם. וואלה? מקנא בכם. הייתי רוצה לשבת שם לראות את כולם.

[...]

עוד נקודה חשובה מאד מאד. **אם חלילה אפול בשבי**, חי או מת. אני לא מוכן שחייל או אזרח אחד יפגעו בגלל איזו עסקה לשחרורי. אני לא מרשה לכם לא לנהל קמפיין או מאבק או משהו כזה. לא מוכן שישוחררו מחבלים תמורתי. בשום דרך צורה או עסקה. אל תפרו את המילים שלי בבקשה.

אני אגיד את זה שוב, יצאתי מהבית בלי שבכלל זומנתי למילואים. אני מלא גאווה ותחושת שליחות ותמיד אמרתי שאם אצטרך למות הלוואי וזה יהיה בהגנה על אחרים ועל המדינה.

"ירושלים, הפקדתי שומרים, שיום יגיע ואהיה אחד מהם"

אם חלילה אפול בשבי: באותן שעות ראשונות של כאוס בבוקר השבעה באוקטובר בן התעדכן מהרשתות הערביות בטלגרם. עוד לפני שהמדינה קלטה את חומרת המצב ואת כמות החטופים בן הבין היטב לאן הוא נכנס וניסח צוואה אישית לבני משפחתו.

"ירושלים, הפקדתי שומרים שיום יגיע ואהיה אחד מהם": עוד מילדות, זה היה השיר האהוב על בן, שגדל להיות ירושלמי גאה. גם בדרכו להילחם על העוטף, ראה לנגד עיניו את ירושלים.

עדי ברוך

סמ"ר (במיל') עדי אודיה ברוך ז"ל, מקרית נטפים, סמלת מבצעים בחטיבה מרחבית יהודה. נהרגה מפגיעת רקטה בדרכה לבסיס בשדרות בכ"ז בתשרי תשפ"ד, 12.10.2023. הותירה אחריה הורים, שני אחים ובן זוג. בת עשרים ושתיים בנופלה.

אחרי מותה של עדי פתחה אימה אורית את המחשב האישי שלה ומצאה בו מעל מאה שירים שכתבה, מסודרים בסדר מופתי לפי תאריכים ונושאים. בין כולם הבחינה בשיר יוצא דופן עם הכותרת "ואם אי פעם אמות".
השיר נכתב בינואר 2023, תשעה חודשים לפני שנהרגה, בתקופה שבה איבדה שני חברים קרובים שנפטרו בטרם עת.
השיר פורסם אחרי מותה וזכה ללמעלה מעשרים לחנים.

ומדי פעם תחייכו לעננים, אני אהיה שם

עדי ברוך

ואם אי פעם אמות
לפני שיגיע זמני
אני רוצה שתחגגו את החיים
ולא תתאבלו על מותי
שתקומו כל בוקר
עם חיוך וגעגוע בלב
ולא תתנו לאף שניה
מחייכם להתבזבז

ואם אי פעם אמות: בשבעה באוקטובר עדי לא קיבלה צו שמונה, אבל עשתה הכול כדי להתגייס למילואים. כשהוזמנה לנהל חמ"ל מבצעי שהוקם בשדרות בימים הראשונים של המלחמה, נענתה מייד.

בצאתה מהבית ראתה כמה קשה להוריה ואמרה להם: "אני יודעת שאתם דואגים לי, אבל אתם אלה שחינכתם אותי לזה כל חיי. מה חשבתם שיצא ממני, תרנגול? אני רוצה להודות לכם שאתם מאשרים לי ליישם את מה שלמדתי מכם, ומקווה לחנך כך גם את ילדיי."

כעבור שעה, דקות ספורות לפני שהגיעה לחמ"ל בשדרות, עדי נהרגה מפגיעת רקטה.

תראו עולם בשבילי

תעריכו כל רגע קטן

ומדי פעם תחייכו לעננים

אני אהיה שם

מצטערת על הצער שגרמתי

שתדעו שאני במקום טוב

שתגעגעת ואוהבת מאוד.

תראו עולם בשבילי: עדי ידעה לתפוס בעיניה החדות את מה שאחרים לא ראו. כשהייתה בת חמש-עשרה היא התאהבה בצילום, ועם שחרורה מהצבא פתחה עסק לצילום והשקיעה בו את כל כולה.

כשמפקדה התבקש בתחילת המלחמה להקים בשדרות חמ"ל מבצעי מבוסס מצלמות, הוא הצהיר: "יש רק בחורה אחת שיכולה לעשות את זה איתי, ואם היא לא מגיעה, זה לא קורה".

ומדי פעם תחייכו לעננים: לעדי הייתה אהבה מיוחדת לעננים והם כיכבו בתמונות שצילמה. בקובץ השירים שהתגלה אחרי מותה נמצא שיר בשם "ענני צמר גפן מתוק".

רועי נגרי

רס"ן (במיל') רועי נגרי ז"ל, מתל אביב, מפקד צוות לוחמים ביחידת הלוט"ר. נפל בקרב על קיבוץ בארי בכ"ב בתשרי תשפ"ד, 7.10.2023. הותיר אחריו אישה, הורים ושתי אחיות. בן עשרים ושמונה בנופלו.

שלושים ותשעה ימים אחרי נפילתו של רועי בקרב, קיבלה אשתו שי הודעה מחברו הטוב ליחידה אורון פריאנטה, שיצא מעזה אחרי לחימה ממושכת: "אני צריך לפדות הבטחה שהבטחתי לרועי".

משפחת נגרי התקבצה בסלון ואורון הקריא להם לראשונה את תמלול שיחתו האחרונה עם רועי בבוקר השבעה באוקטובר.

ב־07.10.23 בשעות הבוקר רועי הבין את גודל השעה, ובלי שקיבל פקודה הקפיץ את עצמו ואת צוות לוחמי הלוט"ר שלו מהמילואים.

כשרועי ואורון הצטיידו במתקן אדם בדרכם לקרבות בעוטף הם התבשרו על נפילתו של חברם בן רובינשטיין בקרב בשדרות.

"זו פעם ראשונה שרועי ואני איבדנו חבר ליחידה בלחימה", אורון מספר. "ואנחנו יודעים שאנחנו הולכים לזנק בעיניים פקוחות ממש לאותו אירוע שבו הוא נהרג. ואנחנו מדברים בטלפון עם חבר שבורח מהנובה בזמן אמת ומתאר מאות מחבלים, ואנחנו מקבלים סרטונים בטלגרם, והתחושה היא שמנצחים אותנו כרגע. שזה אירוע שהם מנצחים אותנו, ואנחנו הולכים ליטרלי להילחם על הבית. אנחנו יחידה מאוד צינית ותמיד צוחקים על הכול, ומכתבים אחרונים זה הכי לא הקטע שלנו, אבל פתאום עכשיו זה אמיתי. זאת המלחמה האמיתית הראשונה שלנו".

בדקות שבהן חיכו לניוד שייקח אותם לבארי, רועי ואורון ישבו על שפת המדרכה מאחורי הנשקייה.
הם שאלו זה את זה אם השאירו מכתב, ושניהם ענו בשלילה.

רועי אמר: "אני לא באמת יודע מה לכתוב. במקום לכתוב, בוא אתה תגיד לי ואני אגיד לך, ועוד שבועיים נצחק אחד על השני".

שעות ספורות לאחר מכן רועי נפל בקרב על בארי.
אורון שמע על מותו של רועי והמשיך להילחם בבארי ברציפות עד השמונה באוקטובר בשעות הצהריים.
כשהקרב הוכרע, הדבר הראשון שאורון עשה היה לקחת דף ועט מאחד הבתים החרבים ולתמלל מהזיכרון את השיחה האחרונה עם רועי, מילה במילה.

מה צריך להגיד כאן? אני מסכם את החיים?

רועי נגרי

אורון: טוב, תורך
(כאן הייתה שתיקה ארוכה וחייכתי אליו)

רועי: אתה מבין? זאת הסיבה שאני לא רוצה לכתוב, אין לי מה להגיד. מה צריך להגיד כאן? אני מסכם את החיים? אני נותן הנחיות להמשך? אני אומר למי שאני אוהב שאני אוהב? זה הכול ידוע מראש...

- אני חושב שפשוט תגיד ועוד שבועיים אתן לך מישוב מה היה פחות טוב... בוא תגיד לי מה החשש שלך.

- החשש שלי הוא לא מה שיקרה לי... אני ראיתי מה מוות מפתיע עושה לסובבים שלך, ואני לא רוצה שזה יקרה לסובבים שלי.

אני ראיתי מה מוות מפתיע עושה לסובבים אותך: שנתיים וחצי לפני המלחמה, רועי איבד את חברו הטוב עידו קונטס, לוחם שלדג שנהרג בתאונת עבודה. רועי דיבר איתו בטלפון דקות ספורות לפני מותו, והמוות של עידו השפיע עמוקות עליו ועל חבריו.

אני ראיתי משפחות שמתפרקות על אובדן של אדם אחד וזה לא מה שמגיע לסובבים שלי. לא מגיע לאף אדם שאני מכיר שאני אעשה לו את זה. התחתנתי לפני פחות מחודשיים אחי, אני עוד רגע דוד! זה לא הזמן ללכת. אני פה כדי לשמור על הבית ולחזור אליו... למה אתה מסתכל ככה?

- כי אתה נותן לי אחלה סרטון מוטיבציה, אבל אני צריך לשמוע מה אתה רוצה להגיד אם...

- מה להגיד... תגיד שכל מה שאני רוצה זה שימשיכו לחיות הכי טוב שיש. אני רוצה להגיד משהו נדוש וקיטשי על שי, אבל לפני פחות מחודשיים הבטחתי לה את כל העולם ואתה מבקש ממני עכשיו להגיד שאני לא הולך לקיים דבר...

מבחינתי שום דבר לא מעניין אותי כמו העובדה שאני רוצה שיהיה לה רק טוב, מגיע לה שתהיה לה משפחה שהיא אוהבת ושהיא תהיה מאושרת.

אני רוצה שהמשפחה שלי תמיד תהיה עטופה באהבה שתפצה על כל אובדן שעוד יהיה לה ממני, כאילו מעולם לא עזבתי.

אני רוצה שהחברים שלי יצליחו לקבל את האובדן השני אחרי שנתיים וחצי כולה כמו שהצלחנו לקבל את האובדן הראשון. מה אני אגיד לך, בגדול אני רוצה שהשם שלי יעלה חיוך ושמחה ולא דמעות ועצב - כמו שמפקד נמדד בהיעדרו, אני חושב שעשיתי מספיק בחיים כדי להבטיח אושר גם כשאני לא אהיה פה.

אני רוצה שהזיכרונות ממני יהיו דברים שמחים שכיף לדבר עליהם, כשידברו על רועי נגרי בלשון עבר תהיה ישיבה של צחוקים ובירות ולא טישו וגלידה.

- מה אתה רוצה להגיד לשי?

- זה כאילו הרגע של תמשיכי הלאה אבל זה ברור מדי... אין משהו שאתה יכול לחדש לה, אני אוהב אותה. היא הדבר הראשון שעובר לי בראש בכל החלטה פה וכנראה הדבר האחרון שאחשוב עליו. אתה יודע את זה, התאהבתי בה ברגע הראשון ועכשיו אני מצטער על כל רגע שלא אמרתי לה שאני אוהב אותה.

אתה מבין שכל מה שאני יכול להגיד לה עכשיו אמרתי לפני פחות מחודשיים מתחת לחופה ביום הכי טוב בחיים שלנו, כן? היא הדבר הכי טוב שקרה לי ולפעמים אני תוהה לעצמי איך קרה שדווקא אני זכיתי...

- משהו למשפחה?

- אני אפילו לא יודע איך להתחיל את זה...

יש לי רק דברים טריוויאליים בראש. המחשבה שתדבר איתם מרסקת לי את הלב, אתה יודע כמה הקשר שלנו מיוחד.

ולמרות שאני רק בן עשרים ושמונה אני חושב שחווינו חוויות של חיים שלמים, זה פשוט אף פעם לא מספיק. גידלו אותי הזוג הורים הכי טובים במדינה והלוואי שאני אגדל את הילדים שלי כמו שהם גידלו אותנו - אני חושב שזה אומר הכל.

אני בטוח שהמשפחה שלי תהיה חזקה. ההורים שלי ימשיכו להחזיק את המשפחה הזאת ואחיות שלי יגדילו את המשפחה עם המשפחות החדשות שלהן, וככה או ככה אני אהיה חלק.

וככה או ככה אני אהיה חלק: שלושה שבועות אחרי נפילתו של רועי, גל אחותו הייתה בחדר לידה.

הלידה הסתבכה ובמצב של אפיסת כוחות, על סף עילפון, גל ביקשה מאימה לענוד לה על הצוואר את הדסקית של רועי שנמצאה במקום נפילתו. גל לפתה את הדסקית בכל כוחה וילדה בשלום את בתה אורי.

- משהו לשחורים?

- אני אוהב אתכם למרות שכולכם חיות ואני רק מקל.

לא חשבתי בהתחלה שזה מה שייצא מהחבורה הזאת - אנחנו אנשים משוגעים ואני לא יכול לדמיין את החיים שלי אחורה בלעדיכם. אבל אני ידעתי שהיה צריך לשים שחור אני ראיתי את זה איך שהגענו ובגללכם הלך הכסף.

- באמינות, הצעת מוקדם כדי לא להפסיד בבקבוק?

הצעת מוקדם כדי לא להפסיד בבקבוק: הכינוי של החבורה של רועי מהיחידה היה "השחורים". חמש שנים לפני המלחמה הם התערבו מי יתחתן ראשון, והכניסו לבקבוק את פתקי ההימורים ושלושת אלפים ש"ח.

כעבור שנים, רועי הציע נישואים לשי מוקדם מהצפוי. החברים תמיד צחקו שרועי יעשה הכול בשביל כסף.

- יאללה סתום יא אהב־אהבל

- אתה מבין שאתה בערך גייסת אותי כן?

- כן

- אתה מפחד?

לא

- רוצה חיבוק ארוך?

כן

אתה מפחד? "לא": כשהגיע עם הצוות שלו לבארי, רועי ראה כמה מהלוחמים עומדים המומים מול מראות הזוועה, ואמר להם: "שערי הגיהנום נפתחו. אנחנו לא מישירים מבט לגופות. אנחנו כאן להציל אזרחים, את עמנו שלנו. אנחנו נלחמים על הבית".

באירוע שבו נהרג, רועי הסתער ראשון לבית כדי לחלץ בני ערובה. כשהותקל על ידי מחבל ונורה, רועי דחף את הצוות שלו לאחור והציל את חייהם בגופו.

בהלוויה של רועי, אביו שמוליק ספד לו:

"כשרועי עבר בבארי מבית לבית לשחרר בני ערובה, ילדים, אימהות, תינוקות, והגיע לטהר את הבית המקולל – אם אלוהים היה לוחש לו באוזן:
'רועי, אם אתה נכנס פנימה אתה מת. אם אתה נכנס פנימה אתה מת, נגרי.'
הוא היה נכנס או לא נכנס?"

בתגובה, בלי הכנה מוקדמת, כל צוות נגרי שעמד סביב הקבר שאג כאחד: "נכנס!"

*

שעות ספורות לפני השיחה האחרונה שלו עם אורון, כשרועי נפרד מאשתו שי בצאתו לקרב, היא שאלה: "אתה מפחד?"

רועי שתק כמה שניות, ואז השיב: "כן".

תודות

כשיצאנו לדרך לא ידענו עד כמה מורכבת ועדינה תהיה העבודה על הספר הזה.

תודה להוצאת קורן שליוותה את הפרויקט הזה בלב חפץ והייתה לו לבית הכי נכון. תודה ליהושע מילר, מנכ״ל ההוצאה, שמיד כששמע את הרעיון הראשוני אמר לנו, "קודם כול כן. כל השאר דיטיילז". תודה על ההיענות לכל בקשה שתהפוך את הספר הזה למכובד כפי שמגיע לו להיות. תודה לראובן ציגלר שהאמין ודחף ונתן את הרוח הגבית.

תודה לאוריה מבורך, העורכת הראשית של הוצאות מגיד וטובי, שהפכה לחברה ושותפת אמת וליוותה אותנו בכל צומת בתבונה, חדות ורגישות אין קץ ובהומור ששמר על כולנו שפויים.

תודה לשמואל לעסרי על עיצוב העימוד המורכב והיפיפה, על איורי הפורטרטים שמכבדים את גיבורי הספר הזה, על עצות מדויקות וסבבי תיקונים בלתי נגמרים.

תודה לאפרת גרוס, עורכת המשנה של ההוצאה. תודה לשרה המר על עריכת לשון יסודית וקפדנית, ויותר מזה - תודה על ההסכמה להשאיר את השגיאות האותנטיות במכתבים כפי שהופיעו במקור. אנחנו יודעים כמה קשה זה לעורכות לשון.

בספר כזה, שמורכב ממדורים רבים ושונים, עבודת העימוד מאתגרת במיוחד. תודה לתמי מגר על העבודה המקצועית ולרינה בן גל על העזרה. תודה לאביחי גמדני על הגהה במהירות שיא, לגבי רוזנטל, איש ההדפסות המקצוען של הוצאת קורן, שהיה קשוב לכל השגעונות, ולדפוס אורדע על אנשיו המדהימים והתוצר המוקפד.

תודה רבה ללאה מרמורשטיין־ירחי וליעל מסיקה־מיימון מ"אות.חיים" שליוו במסירות את תהליך יצירת המילים האחרונות במכתבים מכתב ידם של הנופלים. תודה רבה למעצבות ולמעצבים של "אות.חיים":

נעה כהן שלמון, שקמה בנמלך, אפרת חן, מרים בן יצחק, שיר כרמי, נרית זליגר, שקד מורי, הילה שטרן, שקד פרז, נעמה מאיר אייזיק, עטרה אוזן, אפרת יצחקוב, הודיה קורקוס, מוריה הדסה רוטנברג, נריה בן משה ודוד מנדל.

רצינו כריכה שתבטא את התחושה שהספר הזה, למרות שגיבוריו נפלו בקרב, מלא בפיסות חיים. תודה ליוני שלמון המבריק על כריכה יפהפיה ועל האיורים שחותמים את הספר. תודה לאליהו משגב על דיוק ההעמדה של הכריכה ועל העין החכמה והטובה.

תודה לאנשים היקרים שעזרו לנו באהבה לאורך הדרך: חוה נאמן, מיה טבת דיין, מיכל פרי, אמונה אלרן, ד"ר גילה וכמן, דניאל בוקובזה, צביקי גזבר, אורי אוחיון, הרב ד"ר חנוך גמליאל והרב אמחיה אבן ישראל.

ותודה לכם, הקוראים, שפתחתם את הלב וקראתם את המילים האלה.

להעמקת ההיכרות עם הנופלים,
היכנסו לאתר הספר.

סרקו את הקוד: